BUZZ

© 2022, Buzz Editora
© 2021, Emily Ratajkowski
Todos os direitos reservados.

Título original: *My Body*

Publisher ANDERSON CAVALCANTE
Editora TAMIRES VON ATZINGEN
Assistente editorial JOÃO LUCAS Z. KOSCE
Estagiária LETÍCIA SARACINI
Tradução ERIKA NOGUEIRA
Preparação TOMOE MOROIZUMI
Revisão BONIE SANTOS, LEANDRO RODRIGUES, GABRIELA ZEOTI
Projeto gráfico ESTÚDIO GRIFO
Assistente de design NATHALIA NAVARRO
Capa CHRISTOPHER SERGIO

Nesta edição, respeitou-se o novo Acordo Ortográfico da Língua Portuguesa.

Dados Internacionais de Catalogação na Publicação (CIP)
de acordo com ISBD

R232m
    Ratajkowski, Emily
    Meu corpo / Emily Ratajkowski; tradução de Erika Nogueira Vieira.
São Paulo: Buzz Editora, 2022.
    216 pp.
    Tradução de: *My Body*

ISBN 978-65-89623-91-5

1. Mulheres. 2. Feminismo. 3. Sexualidade.
4. Empoderamento feminista. I. Vieira, Erika Nogueira. II. Título.

                              CDD 305.42
2022-198   CDU 396

Elaborado por Vagner Rodolfo da Silva CRB-8/9410

Índice para catálogo sistemático:
Mulheres: Feminismo 305.42
Mulheres: Feminismo 396

Todos os direitos reservados à:
Buzz Editora Ltda.
Av. Paulista, 726 – mezanino
CEP: 01310-100 – São Paulo/ SP
[55 11] 4171 2317 | 4171 2318
contato@buzzeditora.com.br
www.buzzeditora.com.br

Emily Ratajko wski Meu corpo

Para Sly

Você pintou uma mulher nua porque gostava de olhar para ela, você colocou um espelho na mão dela e chamou a pintura de **Vaidade**, *e assim condenou moralmente a mulher cuja nudez você representara para seu próprio prazer.*

A verdadeira função do espelho era outra. Era fazer a mulher ser conivente em se tratar, primeiro e principalmente, como uma visão.

John Berger, *Modos de ver*

11	Introdução
17	Lições de beleza
33	"Blurred Lines"
51	Meu filho, sente só o sol
63	"Toxic"
83	Pq, oi, é a Halle Berry
97	K-Spa
111	O embrulhinho
129	Transações
143	Comprar-me de volta
167	Pamela
183	Homens como você
201	Alívios
213	Agradecimentos

Introdução

Quando foram lançados, no verão de 2020, o single e o videoclipe "WAP" (um acrônimo para "Wet-Ass Pussy"), de Megan Thee Stallion e Cardi B, viralizaram e estouraram, chegando a 25,5 milhões de visualizações em 24 horas e estreando em primeiro lugar nas paradas norte-americanas e mundiais, a primeira parceria feminina da história a fazer isso. Pouco depois, a internet foi tomada por um debate sobre os aspectos hipersexuais da letra e do clipe. Muitos comentaristas culturais exaltaram a música como um hino de afirmação sexual e alegaram que, ao fazer um rap sobre detalhes sexuais explícitos e seus desejos, Cardi e Megan estavam impondo sua atuação e representando uma mais do que esperada inversão de papéis. Outros argumentaram que a música e o vídeo atrasavam o feminismo em cem anos.

A última vez que um videoclipe provocou um debate tão acalorado sobre empoderamento e sexualidade das mulheres foi em 2013, com "Blurred Lines", composto e interpretado por Robin Thicke, Pharrell e T.I. O vídeo apresentava três mulheres dançando quase inteiramente nuas. Eu era uma dessas mulheres.

"Blurred Lines" me empurrou para a fama da noite para o dia aos 21 anos. Até hoje, a versão censurada, que esconde parcialmente nossa nudez, teve aproximadamente 721 milhões de visualizações no YouTube, e a música é um dos singles mais vendidos de todos os tempos. A versão "não censurada" foi removida do YouTube logo após o lançamento, por alegações de violações dos termos de serviço do site; ela foi reativada e depois retirada mais uma vez do ar, o que só aumentou seu apelo controverso.

Eu e, mais especificamente, a política do meu corpo de repente estávamos sendo discutidas e dissecadas no mundo todo por pensadoras feministas e por garotos adolescentes. A crítica condenou o clipe como "misógino a olhos vistos" por causa do modo como eu e as outras modelos fomos objetificadas.

Quando a imprensa perguntou minha posição a respeito do clipe, surpreendi o mundo ao responder que não achava de modo algum que ele fosse antifeminista. Eu disse aos repórteres que pensava que as mulheres achariam, ou pelo menos deveriam achar, minha atuação empoderadora. Minhas declarações sobre "Blurred Lines" foram feitas na era da blogosfera feminista, do *Faça acontecer: mulheres, trabalho e a vontade de liderar* e de manchetes como "Por que as mulheres ainda não podem ter tudo?" na capa de revistas de renome, mas antes do acolhimento popular do termo "feminista", antes de Beyoncé dançar em frente a um letreiro gigante de neon que dizia FEMINISTA e antes de as empresas de fast fashion começarem a vender camisetas com a palavra FEMINISTA estampada. Muitas pessoas ficaram indignadas com o fato de a garota nua do videoclipe viral ter ousado se intitular feminista, enquanto outras, sobretudo mulheres mais jovens, acharam minha perspectiva revigorante. Argumentei que me sentia confiante em meu corpo e na minha nudez, e quem é que podia me dizer que eu não era empoderada por dançar nua? Na verdade, não era misógino tentar me dizer o que eu devia fazer com o meu corpo? Feminismo é sobre escolha, lembrei ao mundo, então parem de tentar me controlar.

Alguns anos depois de "Blurred Lines", escrevi um ensaio intitulado "Baby Woman" sobre meu crescimento e a vergonha que me foi imposta em relação à minha sexualidade e ao meu corpo em desenvolvimento. Nem mesmo como modelo e atriz, afirmei, tive a sensação de humilhação que experimentei quando meu professor do ensino fundamental puxou a alça do meu sutiã para me repreender por deixá-la aparente. Para mim, a questão não era as garotas se sexualizando, como tanto feministas quanto antifeministas queriam que acreditássemos, mas sim envergonhá-las. Por que éramos nós que tínhamos que nos ajustar? E nos cobrir e nos desculpar por nosso corpo? Eu estava cansada de me sentir culpada pelo modo como me apresentava.

Meu ponto de vista era resultado de uma adolescência repleta de sinais conflitantes relacionados ao meu corpo e à minha sexualidade se desenvolvendo. Aos treze anos, fiquei confusa quando meu pai discretamente sugeriu "não se vista assim, só hoje à noite", quando meus pais e eu estávamos nos arrumando para ir a um restaurante bacana. Olhei para a blusinha cor-de-rosa de renda e o sutiã push-up que eu estava usando. Minha mãe sempre me disse para me sentir bem em relação à minha aparência, e aquela combinação em particular me rendia a atenção validadora de homens adultos na rua e de meus colegas na escola. De repente, me senti envergonhada exatamente pelo que também era motivo de orgulho.

Não entendi quando minha prima, que era quase vinte anos mais velha do que eu, entrou correndo na sala de estar, sem fôlego, depois de me deixar sozinha com um amigo dela por alguns minutos. Eu não entendi por que ela estava com medo, mesmo que eu já intuísse o que a linguagem corporal do amigo dela queria dizer – a maneira como ele tinha se reclinado para trás no sofá, seus quadris projetando-se para a frente e sua boca formando um sorriso convidativo de lado. Eu era uma criança, mas de algum modo já era uma especialista em detectar o desejo masculino, mesmo que não entendesse de todo o que fazer com ele: era uma coisa boa? Algo a temer? Algo de que se envergonhar? Parecia ser tudo isso ao mesmo tempo.

Termino "Baby Woman" com uma conversa que tive com um professor de desenho no fim do meu primeiro ano do curso de artes. Quando lhe mostrei um nu meu em carvão, ele sugeriu: "Por que não desenhar uma mulher com uma cintura tão fina que ela tomba e não consegue se levantar?". Ele me aconselhou a "brincar com os estereótipos dos padrões de beleza ou mostrar como eram opressivos". Eu não queria acreditar que isso era tão categórico, que aquelas eram as minhas duas únicas opções.

Na maior parte da minha vida, pensei em mim mesma como sagaz, despachada. Eu entendia que possuía um bem comercializável, algo que o mundo valorizava, e me orgulhava de ter construído uma vida e uma carreira baseadas no meu corpo. Todas as mulheres são objetificadas e sexualizadas em algum grau, pensei, então eu poderia muito bem fazer isso do meu próprio jeito. Achei que havia poder na minha capacidade de escolher fazer isso.

Hoje leio aquele ensaio e vejo entrevistas daquele período da minha vida e sinto uma ternura por aquela minha versão mais jovem. Minha postura defensiva e desafiadora é palpável para mim agora. O que escrevi e defendi refletia algo em que eu acreditava na época, mas deixava de lado um panorama bem mais complexo.

De muitos modos, tenho sido inegavelmente recompensada por capitalizar minha sexualidade. Eu me tornei conhecida internacionalmente, reuni uma audiência de milhões de pessoas e ganhei mais dinheiro com patrocínio e campanhas de moda do que meus pais (uma professora universitária de inglês e um professor de pintura) jamais sonharam ganhar na vida. Criei uma plataforma compartilhando imagens minhas e do meu corpo on-line, tornando meu corpo e, posteriormente, meu nome, conhecidos, o que, pelo menos em parte, me permitiu publicar este livro.

Mas, de modos menos explícitos, me senti objetificada e limitada por minha posição no mundo, a de símbolo sexual, como dizem. Capitalizei em cima do meu corpo dentro das restrições de um mundo cis-hétero, capitalista e patriarcal, no qual a beleza e o apelo sexual são valorizados somente por meio da satisfação do olhar masculino. Quaisquer influência e *status* que eu tenha obtido só me foram concedidos porque eu tinha apelo junto aos homens. Minha posição me aproximou da riqueza e do poder e me ofereceu certa autonomia, mas não resultou em empoderamento real. Isso é algo que conquistei só agora, depois de escrever estes ensaios e dar voz ao que pensei e vivenciei.

Este livro está repleto de ideias e de realidades que eu não estava disposta a enfrentar, ou que talvez eu fosse incapaz de enfrentar antes na minha vida. Eu tinha o hábito de desconsiderar experiências dolorosas ou incongruentes com aquilo em que eu queria acreditar: que eu era a prova viva de uma mulher empoderada por transformar sua imagem e seu corpo em *commodities*.

Encarar a realidade mais nuançada da minha posição foi um despertar difícil – brutal e destruidor para uma identidade e uma narrativa às quais me agarrei desesperadamente. Fui forçada a enfrentar algumas verdades terríveis sobre o que eu entendia como importante, o que pensava ser o amor, o que achava que me tornava especial, e a confrontar a realidade da minha relação com o meu corpo.

Ainda estou lutando com o modo como me sinto em relação à sexualidade e ao empoderamento. O objetivo deste livro não é chegar a respostas, mas explorar honestamente ideias para as quais não consigo deixar de voltar. Pretendo examinar os vários espelhos nos quais me vi: os olhos dos homens, outras mulheres com quem me comparei e as incontáveis imagens que foram tiradas de mim. Estes ensaios relatam as experiências profundamente pessoais e o posterior despertar que definiu a casa dos meus vinte anos e transformou minhas crenças e minhas convicções políticas.

Lições de beleza

1.

"Quando você nasceu", minha mãe começa, "o médico segurou você e disse: 'Olha só o tamanho dela! Ela é muito bonita!'. E você era." Ela sorri. Eu já ouvi essa história muitas vezes.

"No dia seguinte, ele levou os filhos ao hospital só para ver você. Você era uma bebê tão bonita." É aqui que a ladainha normalmente acaba, mas desta vez minha mãe não terminou. Uma expressão conhecida e inocente toma seu rosto antes que ela continue, uma expressão que costumo ver logo antes de ela dizer algo a mim ou ao meu pai que ela sabe que talvez não devesse. Eu me preparo.

"Engraçado", diz ela com um sorrisinho. "Meu irmão estava conversando comigo não faz muito tempo..." Ela começa a imitá-lo com seu sotaque da Costa Leste. "'Kathy, a Emily era um bebê muito bonito. Mas não tanto quanto você. Você foi o bebê mais bonito que eu já vi.'" Ela dá de ombros e balança a cabeça como se dissesse: *Não é uma loucura?* Eu me pergunto por um instante o que ela espera que eu responda, até que me dou conta de que ela está olhando pela janela, sem prestar mais atenção nenhuma em mim.

2.

Estou fazendo o cabelo e a maquiagem para uma sessão de fotos, conversando com o assistente do cabeleireiro. "A sua mãe é bonita? Você se parece com ela?", pergunta ele, passando os dedos pelo meu cabelo.

Ele borrifa produto nas pontas e estuda meu reflexo no espelho à nossa frente. Elogia minhas sobrancelhas. "Elas são boas", declara, pegando uma escova.

"De que etnia você é, garota?" Estou acostumada a ter essa conversa no set; quase sempre corre exatamente desse jeito e quero encerrá-la o mais rápido possível. Não gosto de como as mulheres brancas usam a pergunta como uma oportunidade para listar suas etnias para tentar "soar" exóticas: *sou treze por cento disso e sete por cento daquilo*. Apenas digo a ele: "Sou uma garota branca". Meu cabeleireiro ri.

"O.k., garota branca." Ele abre um grande sorriso. "Mas dá para dizer que você tem alguma coisa aí." Ele franze os lábios e muda o peso para a outra perna, estalando um quadril. Ele é sobretudo mexicano, diz.

"Mas e a sua mãe?" Ele repete a pergunta, genuinamente curioso. "Ela é bonita como você?"

"É", digo. "Ela é mais bonita do que eu." As sobrancelhas do meu cabeleireiro se erguem. Ele volta a escovar a mecha que está segurando. "Bem, tenho certeza de que *isso* não é verdade", lança. Estou acostumada com as pessoas às vezes ficando desconfortáveis quando digo isso.

"É verdade", respondo com naturalidade. E falo sério.

3.

Minha mãe tem uma beleza clássica: olhos grandes e verdes, um nariz pequenino, elegante, uma compleição pequena e, como ela diria, uma silhueta de ampulheta. Ao longo da vida, ela foi comparada a Elizabeth Taylor, uma comparação com a qual concordo. Pessoas de outra geração costumavam dizer que ela parecia uma jovem Vivien Leigh. Tanto *A mocidade é assim mesmo* quanto *E o vento levou* eram filmes que meus pais tinham em uma pequena coleção de vhs que eles guardavam ao lado da cama. Quando eu era criança, assisti a esses filmes inúmeras vezes, sentindo como se tivesse o vislumbre de uma versão mais jovem da minha mãe, imersa em um mundo de belezas sulistas. Vivien Leigh baixava o rosto para olhar Clark Gable de lado e eu pensava nas histórias da minha mãe sobre os garotos que a adoravam de pé no gramado debaixo da janela do quarto dela durante o ensino médio. Eu imaginava a textura sedosa da sua faixa de rainha do baile e o peso da coroa cintilante que usou nas fotos do anuário.

4.

Há uma cômoda de madeira na sala de estar dos meus pais na qual eles guardam talheres e louças. Porta-retratos, suvenires de viagens e algumas das esculturas menores de meu pai ficam expostos em cima dela. As visitas são sempre atraídas para um dos porta-retratos, que mostra duas imagens circulares ludicamente inclinadas uma em direção à outra. À direita está uma foto em preto e branco da minha mãe no ensino fundamental, com o cabelo preso em marias-chiquinhas curtas. À esquerda está uma foto minha com mais ou menos a mesma idade, uma faixa preta segurando o cabelo para que ele não caísse no meu rosto. Duas meninas com um sorriso largo. Se não fosse pela textura da fotografia antiga e pelo ano impresso no canto inferior direito da foto da minha mãe, daria para achar que as imagens são da mesma criança. "Quem é quem?", as visitas perguntam.

5.

Meu cabelo fino sempre teve tendência a embaraçar. Quando eu era criança, minha mãe usava um spray desembaraçante e um pente depois do banho para tirar os nós. Os puxões ferroavam o meu couro cabeludo, e o meu pescoço doía por manter minha cabeça firme para ela. Eu odiava o processo. Eu me concentrava no frasco de desembaraçante coberto de fotos de animais marinhos e encarava o cavalo-marinho laranja sorridente e a baleia azul cheiinha enquanto lágrimas escorriam pelo meu rosto. O cheiro doce do spray me dava água na boca. Ao sentir o pente dela fincar no meu couro cabeludo, eu gritava de dor: "Ai, não!".

A casa em que cresci não tinha teto, só paredes baixas que acabavam logo antes do telhado, então meus gritos preenchiam o espaço todo. Quando ouvia meu uivo, meu pai começava a cantarolar do outro cômodo: "*Hair wars, nothing but hair wars*",[1] na melodia da música-tema de *Star Wars*.

6.

Não fui criada em nenhuma religião, e falar de Deus não fez parte da minha infância. Nunca fui de rezar muito, mas me lembro de que, quando era nova, rezava pedindo beleza. Eu me deitava na cama, embaixo das cobertas, fechava os olhos com força e me concentrava tanto que começava a suar. Eu acreditava que para Deus levar a gente a sério era preciso deixar a mente o mais vazia possível, e então se concentrar nos pontinhos de luz que se expandiam atrás das pálpebras e pensar apenas na única coisa que você tão loucamente desejava.

"Eu quero ser a mais bonita", eu repetia inúmeras vezes na minha cabeça, com o coração na garganta. Por fim, quando não conseguia mais resistir aos outros pensamentos que me rondavam, eu caía no sono, esperando que Deus ficasse impressionado o suficiente com a minha meditação para atender a minha prece.

---

[1] Guerra de cabelos, nada mais que guerra de cabelos. [N. T.]

7.

O pai da minha mãe, Ely, era um homem severo e sério. Ele nasceu em 1912 e chegou a Ellis Island vindo de um pequeno *shtetl*[2] no que era então parte da Polônia, atual Bielorrússia. Pianista talentoso, ele se formou na Juilliard aos quinze anos e depois se tornou químico e pai de três filhas e um filho. Ele disse à minha mãe que era inapropriado agradecer quando as pessoas diziam que ela era bonita. Ele não sentia que ela tinha conquistado nada.

"O que é que você fez?", ele perguntava. "Nada. Você não fez nada."

8.

Eu sabia desde muito nova que não tinha feito nada para conseguir minha beleza, assim como meu avô tinha dito à minha mãe. Será que, então, a minha beleza era algo que a minha mãe tinha me dado? Às vezes eu percebia que minha mãe sentia que tinha direito à minha beleza de alguma forma, como uma joia legada, que já houvesse lhe pertencido, com a qual tinha passado a vida inteira. A beleza fora passada para mim com o peso de todas as tragédias e vitórias que minha mãe tinha experimentado.

9.

"Use a roupa que você quiser, Ems", minha mãe sempre me dizia. "Não se preocupe com os outros." Ela queria que eu não sentisse vergonha, que fosse capaz de abraçar a minha aparência e quaisquer oportunidades que se apresentassem por causa dela.

---

2   Pequeno povoado ou bairro cuja população é predominantemente judia. [N. E.]

Aos treze anos, fui mandada para casa depois de um baile formal porque os responsáveis consideraram meu vestido sexy demais. Minha mãe tinha ido comprar o vestido comigo. Era de uma renda com stretch azul-bebê e ficava colado nos meus seios e quadris recém-desenvolvidos. Quando saí do provador, insegura, ela se levantou e me abraçou.

"Você está absolutamente linda", disse ela, com um sorriso caloroso.

"Não é sexy demais?", perguntei.

"De jeito nenhum. Você tem uma silhueta linda." Minha mãe nunca quis que eu pensasse que o meu corpo ou a minha beleza eram além da conta. "Se as pessoas têm uma questão com isso, o problema é delas", ela dizia.

Quando ela foi me buscar no baile, eu estava aos prantos, humilhada e confusa. Minha mãe colocou o meu cabelo atrás da orelha e me abraçou. "Que se fodam essas pessoas", ela disse. Minha mãe fez um jantar especial e me deixou assistir a um filme bobo enquanto eu comia. Mais tarde, com minha permissão, ela escreveu uma virulenta carta de reclamação.

"Vou passar o maior sabão neles", declarou.

10.

Tentei estimar onde meus pais achavam que eu estava no mundo das belezas. Parecia importante para os dois, especialmente para minha mãe, que a filha deles fosse considerada bonita; eles gostavam de contar aos amigos sobre como as pessoas me abordavam para ser modelo e, mais tarde, sobre o meu sucesso nesse ramo, depois que assinei com uma agência no fim do ensino fundamental. Eles pensavam que ser modelo era uma oportunidade que deveriam explorar, na condição de pais responsáveis. "Ela pode ganhar muito dinheiro. Ela tem fotos de meio corpo?", uma mulher certa vez perguntou na fila do caixa do mercadinho que frequentávamos. Quando voltamos para o carro da minha mãe no estacionamento do centro comercial, comecei a chorar. "Eu não quero ser cortada no meio, mamãe!" Eu tinha entendido que a expressão significava que iam me partir em duas.

Por fim, meus pais conseguiram uma agente para mim e começaram a me levar para filmagens e castings em Los Angeles da mesma forma que os pais dos meus colegas os levavam para os campeonatos regionais de futebol. Meu pai colocou meu primeiro cartão "comp" de modelo (um cartão em escala reduzida com minhas medidas e fotos, normalmente deixado com clientes em castings) na parede ao lado de sua mesa na sala onde dava aula. Quando eu estava no ensino médio, minha mãe emoldurou um retrato meu em preto e branco de 24 x 28 cm de uma sessão de fotos e o colocou no balcão da cozinha, de frente para a porta de entrada, de modo que qualquer pessoa que pisasse na casa era imediatamente saudada por meus lábios carnudos, minhas pernas expostas e meus cabelos bagunçados. Fiquei sem jeito com a foto e com o lugar onde ela ficava. Depois que saí de casa, convenci minha mãe a tirá-la de lá. A essa altura, ela já estava lá havia vários anos. "Você tem razão", disse minha mãe. "A foto não representa mais você. Agora você está ainda mais bonita."

11.

A beleza era uma maneira de eu ser especial. Quando eu era especial, sentia ao máximo o amor dos meus pais por mim.

12.

O primeiro casting para o qual minha mãe me levou era para uma marca de jeans que fazia peças caras que eu nunca tinha usado. Ela chamou um professor substituto para dar aula em seu lugar para que pudesse me levar a Los Angeles, e eu saí da escola mais cedo e entrei no Fusca no estacionamento da escola para fazermos a viagem.

Ela acelerou na estrada, de óculos escuros. "Eu perguntei para a sua agente sobre as suas chances nesse teste. Ela achou que eu estava querendo dizer suas chances de 'estourar'! Ela disse: 'Emily definitivamente tem uma chance, mas é sempre difícil dizer'." Olhou no espelho retrovisor, com as duas mãos no volante. "Eu estava querendo dizer suas chances para esse casting! Não de ser famosa." Ela balançou a cabeça. "Não gostei nada disso." Eles estavam colocando o carro na frente dos bois, ela explicou.

No escritório onde acontecia o casting, fomos recebidas por uma lufada de ar gelado e portas de vidro do chão ao teto. Bancos brancos alinhados ao redor da sala e telas nas paredes indicavam as salas designadas para os vários testes. Andei um pouco à frente da minha mãe, vestindo a versão barata e com stretch do jeans clássico da marca e botas pretas pesadas, ambas recém-compradas na Ross Dress For Less. De salto, eu ficava quase trinta centímetros mais alta que ela.

Nós nos acomodamos em um banco e senti os pés nas minhas botas estranhas, a forma como os zíperes machucavam o meu pé. Um garoto sardento com cabelo crespo bagunçado, com luzes naturais, estava sentado a alguns metros de nós.

"Emily?" Uma mulher jovem segurava uma prancheta junto ao rosto e varria os bancos com o olhar. Eu me levantei.

"Joga o cabelo", minha mãe sussurrou. Balancei a cabeça para a frente e senti o sangue correr pelo rosto, meu cabelo me envolvendo. Voltei para trás, meu cabelo caindo dos dois lados do meu rosto. Eu podia sentir os olhos da minha mãe atrás da minha cabeça enquanto eu desaparecia na sala de casting.

Na viagem de carro de volta para casa, apoiei a cabeça na mão e fiquei olhando pela janela. O sol batia na minha bochecha enquanto a estrada passava voando.

"Aquele garoto olhou para você quando você levantou e jogou o cabelo", disse minha mãe. "Ele estava te observando."

O que ele via?, eu me perguntei.

13.

Minha mãe gostava de contar histórias sobre homens me notando desde que eu tinha doze anos ("Nunca vou esquecer a cara que ele fez quando você passou por ele! Ele parou na hora e ficou de queixo caído!"). Mas ela também acreditava que a concepção de beleza dos homens era limitada e nada refinada.

"Marilyn Monroe nunca foi *bonita* de verdade", ela me dizia, enquanto meu pai fazia uma cara de aprovação quando ela era mencionada.

Minha mãe fazia distinções; havia mulheres que os homens achavam atraentes e havia as bonitas de fato. "Eu não *entendo* a Jennifer Lopez", ela falava, franzindo o nariz. "Acho que os homens gostam dela." Aprendi com o tempo que "os homens gostam dela" ficava muito abaixo de "bonita", mas era decididamente preferível a não ser sequer mencionada. Ela podia ser bastante condescendente ao falar dessas mulheres: "Ela é fofa", dizia, sorrindo docemente, com um leve resquício de pena no tom de voz. Quando assistíamos a um filme com uma atriz jovem, minha mãe quase sempre comentava sobre sua aparência: "Ela não é, assim, *bonita*". Também fazia isso com as minhas amigas, avaliando casualmente a aparência delas enquanto fazíamos compras. "Ela sem dúvida não é linda, mas tem uma boa silhueta", declarava, inspecionando se os abacates da Califórnia estavam maduros.

14.

Depois que saí de casa, meus pais criaram o hábito de postar minhas fotos profissionais nas suas páginas do Facebook. Minha mãe respondia a cada um dos comentários das suas amigas com um "Muito obrigada, Suzy!" ou "Estamos muito orgulhosos dela, Karen". Meu pai também respondia a seus amigos, mas em vez de dizer obrigado, ele gostava de brincar: "Ela tem a minha essência, e isso é tudo, Dan". Li esse comentário e me lembrei da vez em que ele me disse que eu tinha herdado seu nariz.

"É meio grande", ele falou, rindo. Minha mãe fechou a cara. "Não diga isso, John", ela sussurrou, em voz baixa e reprovadora.

15.

Minha mãe parece encarar a forma como minha beleza é afirmada pelo mundo como um espelho que reflete uma medida do valor dela própria.

Ela diz: "Um amigo meu da faculdade escreveu no Facebook que viu você na capa da revista tem pouco tempo. Ele disse: 'Não é de se admirar que a filha da Kathleen seja bonita! Mas ela não é tão bonita quanto você, Kathy. Ninguém se compara a você'".

Minha mãe adora me lembrar de quando ela reclamava sobre a forma como algumas mulheres a tratavam, e que eu, aos três anos de idade, declarei: "Elas só estão com *ciúmes*, mamãe!".

Ela conta essa história como um testemunho encantador da natureza doce e perspicaz que eu tinha quando nova. Foi só quando fiquei mais velha que me dei conta: como é que eu já tinha sido apresentada ao conceito de competição feminina antes mesmo de aprender a ler? Como é que eu tinha entendido tão cedo que meu comentário consolaria de algum modo a minha mãe pela grosseria pela qual ela havia passado?

16.

Encontro outros modos de criar um espelho não muito diferente desse da minha mãe. Estudo fotos minhas de paparazzi e no tapete vermelho na internet e no álbum do meu telefone, batendo na tela para ampliar meu rosto enquanto tento decidir se sou realmente bonita. Percorro o Reddit, lendo e pesando os comentários na minha thread, me perguntando se sou "superestimada", como um usuário observa, ou na verdade "uma das mulheres mais bonitas do mundo", como outro diz. Aprendi com o autor de um comentário, que afirma ter trabalhado na equipe de uma sessão de fotos de que participei há pouco, que não sou "nada demais pessoalmente", e com outra usuária que, depois de me ver em um café na esquina do meu apartamento com o meu cachorro, acha que sou "muito mais bonita na vida real. Melhor do que nas fotos".

Posto fotos no Instagram que encaro como registros da minha beleza e então verifico obsessivamente os likes para ver se a internet concorda. Busco esses dados mais do que gostaria de admitir, tentando estimar meu apelo da forma mais objetiva e bruta possível. Quero calcular minha beleza para me proteger, para entender exatamente quanto poder e capacidade de ser amada eu tenho.

17.

Eu estava deitada na cama depois de fazer sexo com meu primeiro namorado sério do ensino médio quando ele começou a me contar sobre as outras garotas com quem tinha transado. Ele descreveu o corpo delas, o cabelo, o que gostava nelas, e eu escutei, sentindo uma súbita sensação de pânico. Fiquei com o estômago revirado. Comecei a suar. *O que tem de errado comigo?*, eu me perguntei. *Por que meu corpo está respondendo assim ao meu namorado falar sobre outras garotas que ele acha atraentes?*

Ele continuava, e todos os músculos da parte inferior do meu abdômen e dos glúteos se contraíram, e eu sabia que seria uma questão de minutos antes de eu ter que correr para o banheiro. Ele continuou falando, alheio à maneira como me enrodilhei debaixo do edredom fino. Comecei a tremer. Ele continuou. "Ela... O... Dela..." Eu assentia e fazia perguntas, fingindo indiferença, sabendo que mais tarde passaria horas procurando saber daquelas meninas, observando-as na escola, juntando informações sobre como éramos iguais e como éramos diferentes. Finalmente me levantei e corri para o banheiro, com medo de não conseguir me conter por mais tempo. Embora eu soubesse que aquelas garotas do passado do meu namorado, ou a menção que ele tinha feito a elas, não eram uma ameaça real à minha segurança, meu corpo reagiu como se fossem. Eu odiava que ele pudesse um dia ter conhecido alguém mais atraente do que eu.

18.

Algumas das memórias da minha mãe são tão viscerais para mim que às vezes não consigo me lembrar se são experiências dela ou minhas – como quando ela foi ao banheiro feminino em uma festa logo que tinha começado a paquerar o meu pai (como ela dizia). Quando minha mãe saiu da cabine, a ex-namorada do meu pai estava lavando as mãos diante de um grande espelho. Minha mãe ficou ao lado dela. "E eu pensei, bem, cá estamos nós. Tão diferentes, sabe?" Lá estavam elas: as duas mulheres que meu pai tinha escolhido. Imagino as duas, perfeitamente paradas, os braços pendendo ao lado do corpo e o rosto inexpressivo. Talvez uma das torneiras ainda estivesse aberta. Minha mãe é quase trinta centímetros mais baixa do que a mulher loira com quem meu pai já tinha morado. A pele clara dos ombros largos e do torso alongado dela brilha. O cabelo cheira a água salgada. O cabelo escuro e encaracolado da minha mãe emoldura seu rosto em formato de coração, e as curvas de seus quadris se sobressaem contra o azulejo branco do banheiro. O rosto das duas está na sombra enquanto elas avaliam a si mesmas e uma à outra.

19.

Minha mãe gostava de me dizer que sempre quis ter um cabelo igual ao meu.

"Como um lençol de cetim", disse ela, me olhando enquanto passava a mão no alto da minha cabeça e eu me desvencilhava.

"Para, mãe!", eu rebati, odiando na hora o som da minha voz quando ele cortava o ar.

"Eu sei, eu sei", ela cantarolou, "agora você é uma adolescente que não quer ser tocada, mas você sempre vai ser o meu bebê."

"Eu quis um cabelo como o seu a minha vida inteira", ela disse de novo, calmamente, de repente mais séria. "Eu passava o meu cabelo a ferro na tábua para deixá-lo liso como o da Jane Asher." Ela olhou para o nada, contemplando outra vida, um mundo no qual a única diferença era a textura do cabelo dela. (*Mas que diferença isso faria!*, eu podia imaginá-la dizendo.)

Agora percebo que eu não estava agindo como uma adolescente típica. Eu só não queria ser olhada pela minha mãe, porque sabia que, quando ela me olhava, estava sempre calculando: examinando e comparando.

20.

Quando eu era nova, odiava receber elogios pela minha aparência, fossem eles das minhas amigas ou dos homens e meninos em quem eu estava interessada. Um cara com quem saí um tempo, quando tinha vinte e poucos anos, costumava zombar de mim por eu ficar constrangida e desconfortável quando ele me dizia que me achava bonita. "Ai, meu Deus! Você não dá conta!", ele falava, me observando enquanto eu ficava inibida na hora.

"Cala a boca." Eu revirava os olhos, tentando mostrar que ele estava errado.

"Mas você é uma modelo, tipo, conhecida pela sua beleza", dizia ele, confuso, esperando uma explicação. Eu nunca sabia o que responder. Eu queria dizer a ele que eu não precisava de que garotos de quem eu gostava me dissessem aquilo. Ficava feliz em ouvir esse tipo de coisa no set, quando estava ganhando dinheiro, mas na minha vida particular eu não queria isso. Alguma parte de mim estava tentando resistir ao modo como eu tinha aprendido a unir beleza com ser especial e ter amor. *Não, obrigada*, eu pensava. *Eu não quero o que quer que eles estejam tentando me dar. Eu não quero o espelho deles. Eu não quero esse amor do tipo "Você é a mais bonita".*

21.

Minha mãe parou de pintar o cabelo quando entrou na casa dos sessenta anos, deixando-o ficar grisalho, depois prateado, e então finalmente branco. Ela continuou a ter cabelo curto, e o volume natural dava forma à sua cabeça. Ela estava bonita, um adjetivo raramente usado para mulheres com mais de sessenta anos, mas adequado para minha mãe e para seus traços elegantes, suavizados pela idade.

"Envelhecer é estranho", ela me disse certa manhã, sentada no sofá azul perto da janela do meu loft em Los Angeles. "Eu estava andando na rua outro dia e vi dois jovens atraentes se aproximando. Eu nem pensei, mas me endireitei um pouco mais ao passar por eles." Ela soltou uma risadinha. "E eles nem sequer olharam para mim. Então eu me dei conta de que agora sou invisível para eles. Tudo o que eles veem é só uma senhora de cabelos grisalhos!"

Ela estava linda à luz natural enquanto falava.

"Acho que é só o jeito que as coisas acontecem." Ela deu de ombros. Parecia em paz. Imaginei como seria um dia não ser mais notada pelos homens.

"Talvez seja libertador de alguma forma?", perguntei.

"Talvez", disse ela por fim.

22.

Sou casada há pouco tempo com meu marido quando ele comenta casualmente: "Existem tantas mulheres bonitas no mundo".

Eu travo quando ele diz isso. Sei que é algo perfeitamente aceitável e verdadeiro de se constatar, mas mesmo assim sinto um nó familiar no estômago.

"O que foi?", ele pergunta. Consegue sentir a mudança; consegue perceber na hora como meu corpo ficou tenso.

"Não sei", respondo. Encosto o rosto em seu peito, com vergonha da minha reação. "Não sei por que me machuca ouvir você dizer isso."

Posso dizer que ele quer me consolar, mas está confuso. Eu quero que ele me console também, mas não tenho certeza de por que preciso disso. Por que de repente sinto como se ele não me amasse o suficiente?

23.

Na pequena sala sem janelas onde minha terapeuta atende, conto a ela sobre minha reação ao comentário do meu marido. Explico o desconforto no estômago. A avaliação. As outras mulheres.

"Maçãs e laranjas", diz a minha terapeuta. "E se você não for igual às outras mulheres, e se você for uma fruta totalmente diferente?", ela pergunta delicadamente.

Eu odeio ter essa conversa; uma parte de mim está terrivelmente constrangida. Quero me levantar e gritar, *É claro que eu sei disso! Eu odeio mulheres que se comparam a outras mulheres! Eu não sou assim!*

Mas existe uma versão de mim que precisa ouvir o que ela está dizendo, porque também existe uma parte de mim que quer corrigi-la. "Mas todo mundo tem uma fruta favorita", digo a ela. Sinto uma lágrima escorrer pela minha bochecha. "Todo mundo prefere uma em relação a outra. É assim que o mundo funciona; tudo é classificado. Uma coisa é sempre melhor que outra."

"Blurred Lines"

Quando deixei a faculdade para trabalhar como modelo em tempo integral, eu gostava de contar aos meus amigos que na França eles chamam as modelos de "manequim".

"Então", eu dizia, dando de ombros, "eu ganho a vida como manequim."

Por volta da mesma época, tive uma gastroenterite terrível e perdi quatro quilos e meio em uma semana. Depois que me recuperei, mantive o novo peso ao perceber que estava conseguindo mais ensaios fotográficos com o corpo mais magro. Comecei a usar sapatos plataforma o tempo todo (mesmo quando saía ainda de madrugada para chegar aos ensaios antes de o sol nascer) porque nunca quis dar aos clientes a oportunidade de ver que eu era mais baixa do que a maioria das modelos. Comecei a conseguir gerenciar bem o meu tempo, algo com que sempre lutei no ensino médio e no meu único ano de faculdade, quando era eternamente a garota que chegava à aula dez minutos atrasada. Aprendi os macetes do trânsito de Los Angeles, sempre me certificando de acordar com tempo de sobra e avisando minha agente mesmo se eu estivesse apenas alguns minutos atrasada. Deixava os clientes me fotografarem e me arrumarem como quisessem, mesmo quando eu odiava o resultado final. Fiz esses ajustes no meu comportamento, na minha atitude e no meu corpo com um objetivo em mente: dinheiro.

Eu considerava minha vida e meu trabalho de modelo uma situação temporária, que me protegia do destino de que muitas das minhas amigas mais velhas padeceram depois da crise financeira de 2008, quando tiveram que voltar para a casa dos pais, assoladas por dívidas estudantis, e retomar os empregos no setor de serviços que tinham quando adolescentes.

Dinheiro significava liberdade e controle, e tudo o que eu tinha que fazer para financiar a minha independência era aprender a me tornar outra pessoa algumas vezes por semana: despir-me e ser untada com óleo corporal para fazer poses provocativas usando lingerie de renda vermelha ou biquínis com estampas chamativas que eu nunca escolheria vestir por vontade própria, fazendo beicinho quando algum fotógrafo de meia-idade mandasse.

Depois que abandonei os estudos — e tive a gastroenterite —, cheguei a um novo patamar de sucesso financeiro. Ensaios com lingerie e roupas de banho pagavam mais do que um dia de trabalho normal em um e-commerce, e eu tinha vários clientes que me contratavam regularmente por causa do que o meu corpo fazia pelos produtos deles. Eu me lembro de sair de um provador com um conjunto de lingerie e uma cliente comentar que era "difícil encontrar garotas tão magras que também conseguissem encher um sutiã". O tamanho do meu busto era um bem valioso e raro, que se traduzia diretamente em cachês melhores. Mas também limitava o tipo de trabalho que eu podia fazer; eu era uma garota "comercial de biquíni", o que significava que podia fotografar para catálogos, mas nunca trabalharia com alta-costura.

Quanto mais eu ganhava dinheiro como modelo, mais eu gostava de tê-lo. Eu não tinha amigos ricos, e por isso mantive meus prazeres em segredo, indo de carro sozinha até uma loja de roupas onde, não mais do que um ano antes, minhas amigas do colégio e eu nunca ousávamos comprar nada, só parando de vez em quando para dar uma olhadinha. A gente logo saía quando uma vendedora perguntava: "Posso ajudar vocês com alguma coisa, meninas?". Agora eu me deleitava ao entrar na loja sozinha, segurando minha bolsa de couro sintético e passando a ponta dos dedos nas roupas penduradas, sentindo um entusiasmo subir pela minha espinha ao responder: "Sim, obrigada, eu gostaria de experimentar esta aqui". Às vezes eu comprava alguma peça e outras vezes saía de mãos vazias, mas sempre extasiada com a experiência. Uma noite, depois de uma ida às compras sozinha, usei uma jaqueta azul-marinho novinha em folha para encontrar uma amiga. Ela me perguntou quando eu tinha comprado.

"Hoje", eu falei a ela. Ela balançou a cabeça.

"Poxa", disse, "tão bom poder entrar em uma loja e escolher alguma coisa sempre que dá vontade, né?" Eu a observei, aliviada por ver que ela não estava ressentida. Fiquei constrangida com a nova diferença em nossas vidas, mas também grata por ela ter valorizado a minha satisfação. Ela estava certa – era *mesmo* muito bom.

Encontrei um loft barato e térreo para alugar no centro de Los Angeles e paguei 1.250 dólares por um mês em dinheiro, deixando um envelope recheado para o dono do apartamento, que fedia a óleo essencial de patchouli e morava no loft exatamente acima do meu. O espaço era todo de cimento e tinha apenas uma janela, complementada com grades de metal, que dava para um estacionamento. O teto era tão baixo que, quando estava com os saltos plataforma, que tinha passado a usar religiosamente, eu podia esticar o braço e encostar a mão espalmada nele. Mas nada disso me incomodou; fiquei empolgada por ter o que considerava um loft espaçoso, muitas vezes maior do que qualquer lugar em que eu já tivesse morado. Pintei as paredes e o teto de branco e pendurei pisca-piscas de Natal de uma loja de 1,99 ao redor da cabeceira da minha cama.

Uma das coisas que eu mais gostava de fazer depois de um dia de trabalho era comprar comida tailandesa em uma lanchonete perto do meu prédio e ficar sentada na minha cama com a colcha de retalhos que tinha comprado na Urban Outfitters por sessenta dólares e a cabeceira que eu pegara emprestada da casa dos meus pais. Eu vivia para noites como essas; não conseguia imaginar nada mais luxuoso ou agradável.

Eu gostava de explicar às pessoas que eu pagava apenas um dólar por metro quadrado quando me perguntavam por que eu morava tão longe de Hollywood, o centro do ramo das modelos. Eu me orgulhava de estar no chamado Arts District, um bairro considerado descolado e emergente. Era um trajeto bastante longo, pelo menos 45 minutos de carro até a maioria das minhas sessões de fotos e castings. Mas eu gostava da distância que o loft me oferecia do mundo dos fotógrafos, das agências, dos clientes e, acima de tudo, gostava da identidade que minha vizinhança arrojada me concedia. No meu caminho do trabalho para casa, eu voltava a me transformar de manequim em mim mesma.

Em um ano, apareci em alguns editoriais de uma revista de Los Angeles que chamaram a atenção de vários blogs e sites masculinos e de moda, o que fez minha agente sugerir uma viagem a Nova York para fazer contato com agências da Costa Leste e também com a *Sports Illustrated* e a Victoria's Secret.

"Mas não sou baixinha demais para Nova York?", perguntei.

A mesma agente me dissera um ano e pouco antes que o mundo da moda não era uma opção para mim. "Não faz sentido você tentar ser algo que não é", ela disse simplesmente.

"Não necessariamente," ela falou agora, evitando me olhar nos olhos. À medida que o número na minha balança diminuía, o número nos meus cheques aumentava. A agência tinha percebido.

Fiquei em um quarto de hotel minúsculo em Midtown, com carpete bege áspero e uma pequena cafeteira instantânea que eu usava todas as manhãs antes dos meus castings. Não havia um espelho grande adequado no quarto, então eu subia na cama de salto alto para dar uma olhada na minha roupa antes de pegar meu portfólio e sair. Apesar da despesa, eu pegava táxis para os castings, lendo os endereços no meu e-mail, sem confiança o suficiente para me guiar na rede de metrô de Nova York. Ainda assim, eu estava ciente de quanto dinheiro estava gastando e de que o custo dos voos e do hotel seria abatido do meu próximo cachê.

Eu me senti minúscula quando entrei no grande saguão do prédio da Victoria's Secret. Um homem de terno e gravata impecáveis me cumprimentou de trás de uma longa mesa prateada.

"Casting?", ele perguntou, com o olhar sério e a expressão impassível. Eu fiz que sim com a cabeça, encorajada por ele ter me identificado como modelo. *Talvez eu pertença sim a este lugar*, pensei.

No andar de cima, esperei sozinha sob uma placa prateada da Victoria's Secret, cercada por ampliações gigantes em preto e branco de modelos conhecidas – ou, como a Victoria's Secret se referia a elas, "angels" – de costas arqueadas e dedo indicador sobre a boca, como se me seduzindo a ficar calada. Uma tela do chão ao teto exibia um desfile de mulheres de pernas compridas se pavoneando em uma passarela, vestindo lingerie cintilante e asas grandes e coloridas. Elas vinham na minha direção, uma após a outra, os cabelos balançando enquanto sorriam abertamente, os olhos fixados para além de mim. Elas eram as deusas daquele prédio de escritórios grande e moderno, e aquelas telas eram seus santuários. Elas também eram manequins, eu sabia, mas pareciam ser poderosas de um jeito que eu nunca fora. Eu queria ser uma delas. Fiquei lá sentada, hipnotizada, até que uma mulher saiu de trás de duas portas duplas e me cumprimentou, desviando minha atenção.

"Pode vir comigo", ela instruiu, olhando para os meus saltos plataforma e, em seguida, rapidamente para o meu rosto. Fiquei um pouco atrás dela enquanto era conduzida por um amplo escritório todo aberto. Ninguém ergueu os olhos da mesa quando passamos. Ela abriu a porta de uma salinha cheia de gavetas de sutiãs e calcinhas e me orientou a tirar a roupa no canto.

"Os sapatos também, por favor", disse ela, apontando para os meus pés. Andei na ponta dos pés até uma parede onde ela mediu minha altura calada e tirou várias fotos minhas usando uma câmera digital com o flash ligado, fazendo uma anotação em um pedaço de papel antes de me agradecer, mal erguendo os olhos enquanto eu saía apressada pela porta.

Depois disso, fui para outra parte da cidade para uma reunião com uma agência.

"Não gostamos de short", eles me disseram, inspecionando o short jeans preto que eu estava usando por cima da meia-calça. "Você pode tirá-lo?"

Eu assenti. "Claro", respondi, descendo o short desfiado pelas pernas e por sobre minhas botas plataforma.

"Muito melhor", disse uma jovem com sotaque francês enquanto estudava meus quadris. "Agora podemos ver quão magra você é! Entraremos em contato."

No dia seguinte, fiz questão de deixar o short em casa, vestindo apenas uma blusa cropped e uma meia-calça. Fiquei de pé na cama, olhando no pequeno espelho para ter certeza de que a meia-calça não era transparente demais.

No meu casting para a *Sports Illustrated*, duas editoras folhearam as pesadas páginas de plástico do meu portfólio. Elas alternavam entre olhar as fotos e olhar para mim e perguntaram se eu sorria em algum momento. "Gostamos de garotas que sorriem aqui na *SI*!", explicaram, fechando meu portfólio com um baque.

De volta à Sétima Avenida, me debrucei sobre o meu iPhone, desesperada para voltar para o meu quarto de hotel e me arrastar para debaixo dos lençóis desconhecidos. Fiquei ao sol, aproveitando a pausa no escrutínio, quando um homem se aproximou de mim, olhando para a minha virilha. "Dá pra ver a sua boceta", ele murmurou sem me olhar nos olhos. Senti uma pontada de vergonha, mas me recusei a chorar.

Ao longo dos anos, desenvolvi uma imunidade necessária e protetora em relação às decepções e rejeições frequentes que acompanhavam o trabalho de modelo. Eu não me permitia ficar animada com os ensaios fotográficos ou os trabalhos em potencial; não me importava se minha foto fosse parar em um outdoor ou em uma revista, desde que o cheque fosse compensado. Não estava interessada em fama ou notoriedade, só no dinheiro, ou pelo menos foi isso que eu disse a mim mesma. Em Nova York, quebrei minhas próprias regras: me permiti imaginar o poder, além do dinheiro, que outras mulheres pareciam ter conseguido ao se tornar bem-sucedidas. Voltei para Los Angeles com um senso de decisão e determinação renovado. Tudo bem, eu não seria uma supermodelo, mas ia ganhar o máximo de dinheiro que pudesse com as opções que tinha.

Foi nessa época que a minha agente recebeu um e-mail sobre um videoclipe em que estrelariam T.I. e Pharrell, que eu admirava, e um cantor chamado Robin Thicke, de quem eu nunca tinha ouvido falar. Anexado ao e-mail para a minha agente estava uma discriminação, um PDF cheio de palavras e imagens que descreviam a visão da diretora para o clipe. Deitada na cama naquela manhã, passei os olhos pelo documento: um letreiro em vermelho berrante dizendo "#THICKE" junto de fotos tiradas por Terry Richardson de garotas de topless, batom vermelho e cabelo desgrenhado intercaladas com frases em destaque, como "Vamos quebrar a porra das regras!". Uma seção intitulada "TOM" listava "ATITUDE DE CAFETÃO MESMO, COISAS IDIOTAS DE UM JEITO MUITO ESPERTO E CONTEMPORÂNEO, ESTILO REVISTA VICE" e "GAROTAS PELADAS XXX PEITOS XOXOTA BATOM VERMELHO". Li

o texto com erros ortográficos abaixo da seção "AS GAROTAS" em voz alta para o cara com quem estava saindo na época:
"ELA É O MELHOR TIPO DE GAROTA, É 100% CONFIANTE. ISTO ESTÁ LONGE DE SER MIZÓGINO, ISSO É DAR ACESSÓRIOS DE CENA MALUCOS PARA AS GAROTAS PARA TER UM PODER VISUAL SENSUAL INACREDITÁVEL."

Fiquei surpresa ao ver que a direção era de uma mulher. Procurei no e-mail o cachê. "Ah, uau", eu disse. Era pouco mais do que eu recebia para fotografar um dia de e-commerce para a Forever 21. "Que se foda isso. É basicamente só mais um videoclipe de merda com um bando de mulher pelada." Eu falei à minha agente para recusar naquela mesma manhã.

Mas Diane Martel, a diretora, insistiu, me mandando um recado pessoal: "Posso pelo menos ir encontrá-la para falar do projeto?". A lista de videoclipes que Diane tinha dirigido – Beyoncé, Mariah Carey, JLO – era sem dúvida impressionante. Quando minha agente disse que achava que havia "margem na grana", concordei em dirigir até West Hollywood, sofrendo para estacionar em uma vaga em frente a um estúdio fotográfico no Santa Monica Boulevard.

Lá dentro, Diane permaneceu sentada enquanto eu fiquei de pé na frente dela de minivestido e salto alto, segurando meu portfólio, que ela não pediu para ver. Ela me disse que a diretora de fotografia seria uma jovem com quem eu tinha trabalhado havia pouco, chamada Olivia. Amoleci com a menção ao nome dela. Eu tinha gostado das fotos que ela tinha tirado de mim; eram bonitas e etéreas, e só havia mulheres no set quando trabalhamos juntas. "Eu conheço a Olivia há muito tempo", disse Diane. "Ela é tão talentosa. E tão jovem! Você sabe como ela deixa todo mundo bem – sem parecer vulgar. E quase todas são mulheres por trás desse trabalho." Ela balançava a perna ritmicamente enquanto falava. "Eu quero que seja divertido.

Como uma paródia. Eu sei que você é atriz. Eu quero que você participe atuando."

"Tá bom", eu disse. "Mas o dinheiro ainda precisa melhorar." Ela assentiu com a cabeça.

No trânsito voltando para casa na rodovia 10, minha agente me ligou para dizer que o cachê tinha chegado a um valor decente com um bônus de hora extra. Desliguei e baixei o vidro da janela, sentindo o vento dos carros que passavam. *Que se dane*, eu pensei. *Quem é que ainda assiste a videoclipes?*

A filmagem do clipe aconteceu em um grande estúdio em Silver Lake, a apenas quinze minutos de carro do meu loft. Cheguei de estômago vazio, tendo me certificado de não comer muito na noite anterior por saber que ficaria nua – ou no mínimo sem a parte de cima – no set no dia seguinte. Eu me servi de um pouco de café do bufê e olhei em volta. Diane não tinha mentido. Eu fiquei feliz em ver que ela tinha enchido o set de mulheres: a diretora de fotografia, a stylist, a designer de acessórios e a maquiadora.

As duas outras modelos que atuariam comigo chegaram e se sentaram em cadeiras ao meu lado, de frente para um espelho comprido: uma mulher negra impressionante e de fala mansa com sotaque francês, que se apresentou como Jesse, e uma loira chamada Elle, que chamou minha atenção no espelho. A assistente da maquiadora aplicava batom vermelho nela enquanto ela erguia a mão para fazer um gesto de olá.

"Você está se sentindo confortável?", perguntou a figurinista, enquanto eu experimentava várias roupas íntimas brancas diferentes e tops e shorts de plástico transparentes. Ela explicou que esses looks eram para a versão censurada do vídeo, que nós iríamos filmar ao mesmo tempo que a versão nua, sem censura. Gostei dela na hora: ela tinha o cabelo pixie descolorido e calçava Doc Martens, e era o tipo de garota de quem eu gostaria de ser amiga, mas que quase nunca conhecia nos trabalhos. Diane foi à sala de maquiagem para me dar um alô antes de começarmos. "Você está se sentindo bem?", perguntou. Passei a mão sobre a calcinha branca e fiz que sim com a cabeça. Eu estava me sentindo parte da equipe.

Fui a primeira a ir ao set filmar, deixando Elle e Jesse na sala de maquiagem. Uma mulher apenas alguns anos mais velha que eu, usando um macacão branco, se apresentou como a responsável pelos acessórios.

Ela apontou para uma mesa comprida repleta de vários objetos que deveriam ser usados no vídeo. "Com o que você quer começar?" Escolhi uma mão enorme de isopor com unhas vermelhas. Ela me entregou orgulhosa; ela mesma tinha feito a peça.

"Sabia que mais tarde vão chegar uns animais de fazenda?"

Eu não estava acostumada com aquilo: mulheres descoladas da minha idade entusiasmadas com o projeto em que estávamos trabalhando. Meu humor mudou. Talvez aquele dia fosse ser divertido.

A música, que eu nunca tinha ouvido antes, começou a retumbar no gigantesco estúdio de som. Três batidas soaram antes de uma voz gritar: "Everybody get up!". Olivia sorriu para mim por trás da câmera. "A ideia é só se divertir, dance como você quiser!", Diane gritou em um megafone no escuro mais além do palco todo iluminado e imaculadamente branco. Eu dancei de modo ridículo, solto, do jeito que faria se estivesse me divertindo com as minhas amigas. Fiquei surpresa ao descobrir que estava mesmo me divertindo. Diane caiu na gargalhada em seu megafone.

Robin Thicke chegou mais tarde. Eu estava posando de quatro só de calcinha, um carrinho de brinquedo vermelho nas minhas costas curvadas. Ele não tirou os óculos escuros e acenou para mim e para a equipe, abrindo um sorriso enquanto caminhava em direção à sala de maquiagem.

Horas se passaram. Jesse e Elle se juntaram a mim no palco e depois Pharrell, Robin e T.I. Nós quase não conversamos, exceto por algumas apresentações rápidas feitas por Diane e os acenos de cabeça dos músicos para a gente. Eles eram o talento, nós éramos mais como acessórios. Eu não fiquei aborrecida; estava lá para trabalhar. Os animais chegaram e segurei um cordeiro no colo, observando. Robin se concentrou em Pharrell e T.I., seus dentes à mostra enquanto ele jogava a cabeça para trás gargalhando, seus olhos ainda cobertos pelos óculos escuros. Eles sorriram educadamente, mas não retribuíram o entusiasmo da animação de Robin.

Sob as luzes, os nossos shorts e tops de plástico embaçavam com o calor e o suor do nosso corpo. O cheiro de álcool exalava do corpo de Robin enquanto ele alternava entre dublar e cantar de verdade. A música começou pelo que parecia ser a milésima vez naquele dia – as mesmas três batidas encheram a sala uma atrás da outra. Diane continuava a gritar instruções pelo megafone. Ficamos só de calcinha fio dental bege para a versão não censurada. Pharrell e Elle sorriram maliciosamente um para o outro. Calcei um tênis plataforma branco absurdamente alto e dancei na frente do restante do elenco.

"Que tal uma bebida para essas senhoritas?", disse Robin a um de seus assistentes, e em minutos alguém trouxe copos de plástico vermelhos cheios até a metade com gelo e bebida alcoólica. Tomei alguns goles, mas nunca gostei particularmente de vodca e estava com muito calor, além de cansada demais da filmagem para beber mais do que aquilo. A música começou novamente.

"Hey, hey, hey!"

Jesse olhou para mim e balançou a cabeça. "Quente demais", ela murmurou, passando a mão no cabelo penteado para trás. Continuei me sacudindo no palco, tentando recuperar a diversão que sentira enquanto entretinha Olivia e Diane. Revirei os olhos para as palhaçadas dos caras famosos com quem estávamos trabalhando.

O mundo inteiro me viu revirar os olhos na versão final que viralizou. Em questão de meses, "Blurred Lines" me alavancou para a fama mundial. A primeira vez que alguém me parou, gritando "Emily?", eu estava ao telefone com a minha mãe, atravessando uma rua do meu bairro. Olhei para o homem, confusa, estudando o rosto dele para tentar identificá-lo. "Eu amei 'Blurred Lines'!", exclamou ele, abrindo um sorriso, antes de pedir uma selfie. Fiquei chocada.

Na internet, as pessoas discutiam se o vídeo era misógino. A maneira como as modelos que atuaram comigo e eu nos contorcíamos – e quase nuas, na versão não censurada – na frente dos músicos causou apreensão. Jornalista após jornalista me fez a mesma pergunta: "O que você tem a dizer para aqueles que consideram o clipe antifeminista?".

O mundo ficou chocado ao me ouvir responder que eu não via o clipe dessa forma. "Estava segura com o meu corpo e a minha nudez no set", eu dizia a eles honestamente. Eu me concentrei em como tinha me sentido durante a maior parte da filmagem, lembrando que estava na companhia de muitas mulheres em quem confiava e de quem tinha gostado.

Após o sucesso do clipe, me mudei para Nova York e assinei com a mesma agência que tinha me recusado apenas um ano antes. Fiz um ensaio para a *Sports Illustrated*. Fiquei feliz ao descobrir que a fama tinha me dado acesso a duas novas fontes de renda: presença VIP, quando eu poderia ir a um evento ou falar com a mídia sobre um produto, e posts patrocinados no meu Instagram, ambos pagando mais do que o que eu ganhava em uma semana trabalhando como modelo antes do clipe.

Entretanto, acima de tudo, eu estava desorientada. Fui ficando cansada de falar sobre o videoclipe e de dar minha opinião sobre ele, sentindo uma nítida pontada de antipatia sempre que o nome de Robin Thicke era mencionado ou relacionado ao meu. Eu estava grata pela minha carreira, mas me ressentia do fato de cada perfil meu começar com uma menção a "Blurred Lines", um clipe que eu só concordei em fazer para ganhar algum dinheiro. Eu não sabia como combinar a identidade e o ego que eu mantinha o mais separados possível do meu trabalho com aquele ego que o mundo agora rotulava como um símbolo sexual. Desde o ensino médio, ser modelo era apenas um trabalho, e de repente isso agora parecia ser quem eu era. Eu pelejei. Continuando a me relacionar com o meu trabalho de forma passiva, acertei minha contratação para atuar em filmes nos quais não tinha interesse algum e fiz ensaios como modelo para marcas que eu achava toscas.

Fui levando os anos seguintes. Entre sessões de fotos frequentes e viagens, eu passava tempo demais na internet e na cama e saindo para beber com pessoas de quem eu não gostava particularmente. Sabia que, de acordo com a maioria dos padrões, eu deveria estar feliz – tinha conquistado o que todas as aspirantes a atrizes e modelos desejam: ser conhecidas por sua beleza e seu sex appeal. "Você conseguiu!", a amiga que tinha feito o comentário sobre a minha jaqueta azul-marinho anos antes me escreveu no Facebook, me lembrando de como o mundo via o meu "sucesso".

Mas eu não era só *famosa*; eu era famosa por ser sexy, o que, de muitas maneiras, dava a impressão de ser gratificante. Parecia óbvio para mim que a mulher mais desejável e atraente era sempre a mais poderosa onde quer que estivesse, assim como as modelos da Victoria's Secret que desfilavam na minha direção naquela tela gigante. E de muitas maneiras, minha vida realmente mudou. Estranhos me cumprimentavam entusiasmados. Homens famosos pelos quais eu tinha quedinhas quando criança agora davam em cima de mim. Mulheres bonitas conversavam comigo como se eu fosse uma delas. Eu estava em capas de revista, fui convidada para festas glamorosas nas quais nunca sonhara em botar o pé. Pode esquecer a comida tailandesa e as colchas de retalho de lojas de rede – agora eu recebia inúmeras caixas de roupas de grife de graça. Eu podia aparecer em restaurantes famosos em Nova York ou Los Angeles e conseguir uma mesa quando quisesse. E eu tinha mais dinheiro do que jamais imaginei ganhar: dei uma entrada em um loft a apenas alguns quarteirões de minha casa no Arts District, desta vez um lugar com uma janela gigante, muita luz e uma piscina na cobertura. Consegui até dar algum dinheiro para os meus pais.

Ainda assim, eu sentia que estava atordoada e fora de controle. Eu não tinha escolhido essa vida e não tinha certeza de como tinha acabado por vivê-la e o que isso significava sobre quem eu me tornaria. Odiava ir a testes, especialmente para TV e cinema, onde quase sempre tinha que fazer leituras diante de vários homens que eu estava convencida de que tinham pouquíssima consideração por mim. *Eles já acham que eu não presto*, eu dizia a mim mesma. *Para eles, não passo de uma idiota gostosa de Los Angeles. Não sou talentosa. Nem sou tão bonita assim.* Eu mal ensaiava para esses testes, lendo as páginas uma ou duas vezes antes de entrar, paralisada pela aversão que sentia por mim mesma. Será que eu ao menos queria ser atriz? Eu não conseguia me lembrar de quando ou como isso tinha se tornado a coisa que eu deveria buscar e na qual precisava me destacar. Eu sempre me imaginara como alguém que tinha ideias e tomava decisões. Eu entrava no meu carro depois de uma dessas leituras, me sentindo inútil, e pensava em como preferiria estar na posição dos homens daquelas salas, escolhendo quem contratar para os *meus* projetos.

Foi só anos depois, quando eu estava olhando o Instagram meio distraída, meu polegar ocupado em se mover pela tela, que uma foto de Robin Thicke e sua namorada muito mais jovem apareceu no meu feed. Reconheci o rosto dela e seu corpo longilíneo, esguio, me dando conta de que a tinha conhecido anos antes em Los Angeles, quando nós duas trabalhávamos como modelos, em uma sessão de fotos para um e-commerce de lingerie e biquínis em depósitos horrorosos em Alhambra e Vernon. Ela havia acabado de ter um bebê, a *E! News* anunciava. Olhei as fotos, observando a amplitude do sorriso dela ao lado da maciez inchada na mandíbula de seu parceiro. "Eu te amo, papai!", dizia a legenda.

Cliquei no perfil de Thicke e fiquei surpresa ao ver minha tela ficar branca. "Usuário não encontrado" e "Ainda não há nenhuma publicação" apareceram junto do nome dele. Eu tinha sido bloqueada. Quebrei a cabeça para descobrir por quê. Será que eu havia dito alguma coisa para a imprensa que o tivesse ofendido? Então me lembrei de algo que acontecera no set de "Blurred Lines" que eu nunca havia contado a ninguém, algo de que eu não tinha me permitido tomar consciência até aquele momento, meia década depois: *ele tinha feito uma coisa que não devia.*

Tinha sido mais tarde naquele dia, quando Thicke voltou ao set, meio bêbado, para filmar só comigo. Dava para perceber que o humor dele tinha mudado – ele não parecia estar se divertindo do mesmo jeito. Não havia gostado da falta de atenção que estava recebendo por parte das pessoas contratadas para fazer o videoclipe *dele*.

Agora éramos só eu e ele, sozinhos no estúdio deserto. Ele estava usando um terno preto e eu nada além de tênis brancos e uma calcinha fio dental da cor da minha pele. As mesmas três notas; a mesma Diane gritando no megafone; o mesmo suor escorrendo; o mesmo "Everybody get up!".

Mais uma vez eu dancei o mais ridiculamente possível. Diane gritou animada: "Você é engraçada pra caramba! Faz aquela cara de novo!". Robin colocou os óculos escuros enquanto cantava, sua vaga insatisfação palpável.

De repente, do nada, senti a frieza e a surpresa das mãos de um estranho segurando meus peitos nus por trás. Eu me desvencilhei instintivamente, olhando para Robin Thicke. Ele deu um sorriso pateta e cambaleou para trás, os olhos escondidos pelos óculos de sol. Meu rosto se voltou para a escuridão além do set. A voz de Diane falhou quando ela gritou para mim: "Você está bem?".

Assenti com a cabeça, e talvez tenha até sorrido, constrangida e desesperada para minimizar a situação. Tentei me livrar do choque. Eu me afastei do set e das luzes quentes, cruzando os braços sobre o meu peito de fora. Eu me senti nua pela primeira vez naquele dia. A música parou. Fiquei perto do monitor por um momento e olhei para as minhas novas amigas. Ninguém, nenhuma de nós, disse nada.

Diane finalmente falou: "O.k., bem, nada de tocar". Ela não se dirigia a ninguém em particular, seu megafone agora pendurado frouxo na cintura. Projetei o queixo para a frente e encolhi os ombros, evitando contato visual, sentindo o calor da humilhação sendo bombeado pelo meu corpo.

Eu não reagi – não de fato, não como deveria ter reagido. Nem qualquer uma das outras mulheres. Apesar de estarmos lá em número considerável e de me sentir segura na presença delas, não estávamos na posição de responsabilizar Robin Thicke no set do videoclipe dele. Afinal, estávamos trabalhando para ele. Fizemos uma pausa constrangedora e depois continuamos filmando.

Quando os jornalistas me perguntaram sobre o vídeo ao longo dos anos, eu não me permiti pensar nas mãos de Robin Thicke nos meus peitos ou na vergonha que senti depois, nua na frente da Diane. Eu estava na defensiva – tentando proteger o ambiente que ela tentara criar no set e as outras jovens que parecia que poderiam ter se tornado minhas amigas. Também estava com vergonha – de ter me divertido, apesar de tudo, dançando pelada. De como tinha me sentido poderosa, como tinha me sentido no controle. Eu me perguntei: "E *se* eu tivesse gritado na cara do Robin Thicke e feito um barraco? Acabado com a filmagem?". Talvez a minha grande alavancada nunca tivesse acontecido.

Aos vinte e poucos anos, nunca havia me ocorrido que as mulheres que obtinham poder com sua beleza estavam em dívida com os homens cujo desejo, para começo de conversa, foi o que lhes concedera esse poder. Eram esses homens que estavam no controle, não as mulheres que o mundo bajula. Encarar a realidade da dinâmica que estava em jogo teria significado para mim admitir quão limitado meu poder realmente era – quão limitado é o poder de qualquer mulher quando ela ganha a vida e até obtém sucesso no mundo como uma coisa a ser observada.

Com aquele gesto, Robin Thicke tinha lembrado a todos no set de que nós, mulheres, não estávamos de fato no controle. Eu não tinha nenhum poder real sendo a garota pelada que dançava no videoclipe dele. Eu não passava de uma manequim contratada.

Meu filho, sente só o sol

Eu tinha catorze anos quando Owen me forçou pela primeira vez. A gente estava deitado no carpete áspero do apartamento da mãe dele. Era de manhã cedo e eu estava tão exausta que mal conseguia manter os olhos abertos. Eu queria água, mas não tinha. Eu me lembro do jeito como a calça jeans skinny dele marcava a ereção e me lembro do cadarço sujo que ele usava como cinto. Eu tinha dito para os meus pais que ia dormir na casa de uma amiga para poder ficar fora a noite toda e ir a festas em algumas casas. Owen, que tinha dezesseis anos, havia me dito que era isso que eu devia fazer. Ele tinha se colocado como meu guia para uma nova escola e um novo mundo. Eu achava que por meio dele eu conheceria gente nova. Só mais tarde percebi que ele mesmo não tinha muitos amigos. Para começar, foi minha fama de caloura gostosa que lhe rendeu o convite para aquelas festas.

Eu me lembro da pele sardenta dele e da barriga muito branca e de como seu nariz começou a sangrar quando Owen estava em cima de mim. "É o Roacutan", disse ele, o sangue pingando na minha clavícula. O sangue dele era tão vermelho que parecia falso, saído de um frasco de ketchup. A textura era viscosa como a de xarope. Ele não ficou constrangido. Eu me lembro daquele vermelho contrastando com os olhos azuis brilhantes dele. Eu me lembro dos cílios louros e compridos enquanto ele piscava, elegantes e em câmera lenta enquanto ele levava as mãos ao nariz.

Quando Owen pegou meu número de telefone e me mandou uma mensagem para sairmos no fim de semana, no começo, eu menti para ele.

"A família da minha mãe está na cidade, então vou acabar tendo que ficar com eles. Desculpa!" Reli a mensagem silenciosamente antes de enviar. *Uma desculpa bem razoável*, pensei, fechando a tela e esperando que ele desistisse.

"Haha", ele respondeu imediatamente. "Quem fica com a família o fds inteiro? A gnt pode sair depois que vc acabar. Vai ter uma festa legal sábado que a gnt pode ir. Vou de carro." Fiquei sem jeito. Como eu poderia ser tão infantil a ponto de pensar que sair com a família era uma desculpa válida para não ir a festas? Eu estava no ensino médio agora; precisava agir de acordo. E, de qualquer jeito, eu não queria ficar com os meus pais nos finais de semana.

"Tá bom", respondi. Eu não sabia como dizer não.

Nunca me sentia segura com Owen, e sempre ficava com vontade de ir para casa quando estava com ele. Mas acho que a minha casa também não era o que eu queria. Aquele, *ele*, parecia ser o mundo real. O ensino médio era aquilo, ser adulta era aquilo: assustador e fora de controle, do jeito que todo mundo dizia que ia ser. Eu queria estar à altura da ocasião, provar que estava pronta para lidar com aquilo.

Uma noite, Owen parou o carro em um estacionamento vazio e começou a me beijar. Achei que tinha que beijar de volta, porque ele tinha me levado para algumas festas, então o deixei colocar a mão dentro de minha calça. Eu gostaria que alguém tivesse me explicado que eu não devia nada a ele. Gostaria que alguém tivesse me instruído a não entrar de jeito nenhum na caminhonete vermelha que ele tinha. Queria que, quando os policiais nos pararam, eu tivesse dito a eles que uma parte de mim ficou aliviada ao vê-los. Gostaria de que eles não tivessem dito que eu estava no caminho errado, que eu podia acabar usando drogas, que era ruim, e, em vez disso, dissessem: "Estamos preocupados com você; ainda é uma menina. Deixa a gente levar você para casa; isso não é culpa sua".

Eu gostaria de que, alguns anos depois, quando, sem fôlego e soluçando, contei para a minha mãe que eu não era mais virgem, ela tivesse me abraçado em vez de fazer cara de decepção. Não contei a ela os detalhes – Owen, o carpete, o sangue –, só disse que tinha transado. Estávamos no carro dela, paradas a alguns quarteirões da casa de sua irmã. Eu estava no banco do passageiro, ainda não tinha idade para dirigir. O tecido do assento estava esquentando as minhas costas. "Nós nos perguntávamos, mas tínhamos certeza: a Emily não", disse ela, com os olhos fixos no para-brisa. Eu podia ver que ela já estava pensando em como daria essa notícia ao meu pai. Eu me retraí. Ela suspirou. "Estamos atrasadas para ver minha família." Ela estalou a língua no céu da boca e voltou a ligar o carro.

Respirei fundo várias vezes e aos poucos consegui me acalmar. Senti o gosto do meu muco e mordi meu lábio superior. Eu me senti estripada, como se minhas entranhas tivessem sido arrancadas. Meu corpo estava leve e frágil, como uma concha condenada a se estilhaçar, quando entrei na casa da minha tia e uma sineta tilintou quando a porta da frente se abriu. Cumprimentei a família da minha mãe, sentindo a pele fria do meu tio contra minha bochecha quando o abracei, sabendo que eles me reprovariam mais do que minha mãe. Eu me senti mal por ela; lamentei ter confessado algo sobre mim que era tão vergonhoso e que ela agora tinha de esconder. Eu queria me enrodilhar e dormir para sempre, mas em vez disso me sentei à sombra no quintal da minha tia e dei um sorriso falso.

Owen foi à casa dos meus pais uma vez, sem avisar. Eu me lembro de como ele parecia agitado e desleixado quando abri a porta da frente e ele entrou na sala. Owen estava cercado por um ar de drama. A pele estava vermelha e os olhos, vidrados.

"Eu briguei com o meu pai", ele anunciou, arfando, o rosto contorcido.

Eu estava sem jeito quando nos sentamos em um banco de madeira no terraço dos fundos. Owen deitou a cabeça no meu colo e lágrimas pesadas escorreram pelo nariz dele. Olhei para o perfil dele, seus traços amplos e as marcas vermelhas no rosto. Tudo nele parecia recente e cru, como uma ferida que acabara de se abrir. As pálpebras estavam praticamente translúcidas. Eu me mexi desconfortável sob o peso da cabeça dele. Eu não tinha certeza do que fazer com as mãos.

Eu podia sentir os olhos da minha mãe em nós dois, observando através do vidro da porta do quarto dela. A casa estava silenciosa. Meus pais ficaram lá dentro e fora de vista. Era como se todo mundo entendesse o papel que eu deveria desempenhar. Eu inspirei e retomei a lembrança de como imaginava que uma mulher se comportava quando confortava um homem. Talvez tenha sido uma cena de um filme? Eu não tinha certeza. Minha mãe tinha me contado sobre seu namorado do colégio, Jim, que era de uma família complicada e muitas vezes dormia no sofá da casa dela. O que ela fez quando Jim apareceu? Tentei personificar essa versão da minha mãe, o amor dela por Jim. Afastei meu emaranhado de confusão e devagar, muito devagar, toquei nos cachos do cabelo de Owen.

"Está tudo bem", eu disse timidamente. "Sinto muito, Owen", sussurrei com mais confiança; o calor de seu rosto quente irradiou nas minhas coxas. Era bom fazer o que era esperado de mim, mas alguma coisa naquele consolo não parecia certo. Eu tinha sido escalada como a namorada amorosa e preocupada, mas não queria aquele papel.

Depois que Owen foi embora, minha mãe me disse: "Nunca vou esquecer como vocês estavam, a cabeçona dele no seu colo". Ela havia testemunhado algo teatral. "Coitado do Owen", acrescentou.

Quando comecei a andar com Sadie e as outras garotas populares, elas zombavam quando Owen se aproximava de nós. "Ele é meio nojento, Emily", elas diziam. Eu não gostava do jeito que elas olhavam para Owen, mas também foi bom ter alguém dizendo que eu não deveria estar com ele; a reprovação delas me deixava mais segura para evitá-lo. Comecei a me sentir mais confiante em ignorar mensagens dele e com menos medo de terminar.

Depois que eu finalmente terminei – ou melhor, depois que fugi dele – fiquei cheia de culpa. A comida parecia insossa. Eu não conseguia dormir, sabendo que Owen poderia aparecer na casa dos meus pais ou se machucar para me magoar, o que ele havia ameaçado fazer. Meu telefone vibrava tarde da noite com uma mensagem depois da outra. Ele era implacável. Ele se sentava no Fusca azul do pai dele do outro lado da rua da minha casa e ficava de olho na janela da minha sala de estar. O azul se destacava de forma não natural contra a folhagem da rua; era da mesma cor dos olhos dele, ao mesmo tempo embaçados e translúcidos.

Quando eu tinha quinze anos, Owen parou de estacionar do outro lado da rua. Uma noite, eu tinha programado sair para beber com um grupo de meninas que não eram exatamente minhas amigas. Eu nunca tinha passado tempo com elas fora da escola. Elas eram mais descoladas do que eu, ou pelo menos era o que parecia. Todas elas moravam em casas grandes, com closets e pais que aparentemente nunca estavam por perto. Nós nos arrumamos em uma dessas casas, em um quarto cor-de-rosa com um espelho de corpo inteiro, olhando para nós mesmas e umas para as outras enquanto experimentávamos as roupas. Uma garota usou uma canetinha para registrar em nossos braços as doses de vodca que estávamos virando. Eu me lembro de tropeçar em uma pilha de roupas e olhar para os traços pretos que começavam no meu cotovelo e desciam até o meu pulso.

Quando dei por mim, estávamos em um estacionamento escuro do lado de um carro que cheirava a couro. A placa de um mercadinho estava acesa ao longe. Minha boca parecia ensebada e meu estômago estava embrulhado, e eu não conseguia parar de vomitar. Eu não conseguia parar em pé. As meninas trocavam olhares, irritadas, enquanto seguravam meu cabelo para não cair no rosto. O garoto que estava dirigindo deve ter telefonado para o Owen, porque de repente a caminhonete dele estava lá e ele estava me levantando da rua e me levando para longe. Eu não falava com ele havia meses. Apertei o braço de uma das garotas e tentei conjurar as palavras para dizer que ele não era confiável, mas ela já havia se virado. Ele tinha ido me reivindicar, e elas pensaram em mim como se eu fosse dele.

Acordei com Owen em cima de mim. Eu estava em uma cama pequena em um quarto azul. Tentei empurrar o peito dele com os braços, para forçá-lo a se afastar e sair de cima de mim, mas eu estava muito fraca e bêbada. Minha visão bruxuleou com formas brancas fantasmagóricas e uma luz azul. Minha boca parecia feita de algodão e eu podia sentir o cheiro da pele dele. Queria que tudo acabasse, mas não sabia o que fazer, então apertei bem os olhos e fiz pequenos ruídos, os ruídos que imaginei que as mulheres deviam fazer durante o sexo.

Por que minha versão adolescente de quinze anos não gritou a plenos pulmões? Por que em vez disso choramunguei e gemi baixinho? Quem tinha me ensinado a não gritar?

Eu me odiei.

Na manhã seguinte, entrei na garagem dos meus pais com roupas que não eram minhas e murmurei duas ou três palavras sobre estar cansada. Entrei na banheira e deixei a água o mais quente possível, mas não conseguia parar de tremer. Fiquei deitada ali por um bom tempo, vendo minha pele ficar vermelha por causa do calor. Eu mal conseguia me mexer; cada membro parecia insuportavelmente pesado e todo o meu corpo doía. O dia estava claro e a luz do banheiro era amarela; as paredes pareciam altas e eu me sentia minúscula. Os pelos loiros nos meus braços se arrepiaram, contrastando com os traços pretos desbotados de canetinha.

Dormi profundamente naquela noite. Quando acordei, descobri que era uma versão nova e diferente de mim mesma. Eu me vesti cuidadosamente, comi torradas sem nada e fiquei sentada em silêncio ao lado do meu pai enquanto ele me levava para a escola. Eu olhava adiante pelo para-brisa, usando cinto de segurança, as mãos delicadamente dispostas no meu colo. Não contei a ninguém o que tinha acontecido naquele fim de semana com Owen. É isso que você faz. Esse é o começo de como você esquece.

Depois do que pareceu uma vida inteira, mas que estava mais para um ano, Owen voltou a me mandar mensagem. Ele não estava mais na minha escola, e eu tinha um novo namorado e um grupo diferente de amigas. Ele escrevia longos parágrafos, blocos de texto maníacos que chegavam ao meu telefone com um zunido. Ele me contou que tinha entrado e saído da reabilitação por causa de heroína, que tinha perdido dez quilos e que uma garota de outra escola o tinha acusado de estupro em uma festa. "As coisas estão bem ruins nos últimos tempos", disse ele. "Eu não devia estar vivo." Eu não respondi. Fiquei com medo de que, se respondesse, ele de alguma forma me arrastaria de volta para a vida dele.

Outra pessoa me contou os detalhes da acusação de estupro. A garota estava muito bêbada em uma festa na casa de alguém. Ela foi parar, quase inconsciente, em um quarto afastado do resto da festa. Owen tinha entrado no quarto e se aproveitado dela. Ela e a família tinham dado queixa.

Quando ouvi isso pela primeira vez, não consegui parar de pensar na garota que Owen tinha machucado. Imaginei a casa dela. Imaginei o pai dela. Imaginei o cabelo e o quarto dela. Eu podia vê-la dizendo confiante: "Eu não queria aquilo", sem sentir vergonha, sem se culpar. Por que eu não tinha desenvolvido essa capacidade? Eu ansiava por ser mais como ela. Queria ser capaz de dizer, *Eu não o queria*, para mim mesma, para os meus amigos e para a droga do mundo inteiro.

Contei à minha mãe sobre a menina, o que ela disse que Owen tinha feito, os pais dela. "Bem..." Ela parou. Parecia incomodada, como se eu tivesse mencionado algo que não fosse educado ou apropriado. Dava para ver que ela não sabia o que dizer. Eu me lembro de me sentir rude e mais durona do que ela. Eu morava no Velho Oeste, um lugar onde coisas terríveis e indescritíveis aconteciam todos os dias, e ela era uma *lady*. Parecia minha responsabilidade protegê-la desses tipos de horrores. Não me deixei decepcionar por ela não ter dito mais nada. Era melhor assim, melhor que ela não pudesse oferecer um insight ou conforto. Quanto menos eu precisasse dela, menos oportunidade ela teria de me decepcionar.

Acabei contando para uma amiga sobre Owen. A gente estava chapada e eu tinha deitado no colchão macio dela, olhando para o fio de luzinhas que ela tinha enrolado na cabeceira da cama. Contei sobre ele e a caminhonete vermelha e os traços pretos no meu braço. Minha amiga estava sentada de pernas cruzadas na beirada da cama. Eu me lembro de vê-la morder o piercing do lábio enquanto me encarava, ouvindo. "Isso parece estupro, Emily." Voltei meu rosto para ela.

"O quê? Não", eu logo disse. Pisquei e voltei a olhar para o teto, me sentindo tonta. Eu sabia que ela estava certa.

Eu tinha dezenove anos e estava em um aeroporto no Meio-Oeste, esperando uma conexão para voltar para a Califórnia depois de uma rápida sessão de fotos para um catálogo, quando soube que Owen tinha partido para sempre. Àquela altura, eu estava acostumada a viajar sozinha e me guiar pelos aeroportos – acostumada a sentar nos pisos de linóleo frio e cair no sono em poltronas desconfortáveis e me deslocar em meio a multidões. Eu estava sentada de pernas cruzadas, carregando meu telefone em uma tomada próxima do chão, olhando o Facebook no meu iPhone quando vi a atualização. Um garoto mais velho do ensino médio tinha escrito o nome dele e "RIP". A primeira coisa em que reparei foi que ele tinha digitado o sobrenome de Owen errado. *Ele ia ficar tão triste de ver isso,* pensei. *Mas é claro que eles tinham escrito o nome dele errado; ele nunca teve amigos de verdade.* Meu peito ficou apertado.

"O que aconteceu? É verdade isso?" Mandei uma mensagem para alguns velhos conhecidos para ver se tinham alguma informação. Uma parte de mim já sabia a resposta.

Foi só quando eu já estava espremida no meu assento do meio e o avião começava a decolar que finalmente tive uma resposta.

"É verdade. Ele faleceu." Eu li as palavras enquanto a pressão da cabine me empurrava para baixo no meu assento. O avião levantou voo. Meus ouvidos zumbiram.

Ele tinha ido embora: sua carne, seus olhos. Ele não estava mais pulsando com sangue e vida. Não estava mais em lugar nenhum. Eu nunca teria que vê-lo novamente.

"Você está bem?", uma mulher no assento do corredor ao lado do meu perguntou baixinho. O ronco do avião quase abafou a voz dela.

"Desculpa", eu disse. "É que eu acabei de descobrir que o primeiro cara... o meu primeiro namorado... morreu." Eu senti minha língua inchar. Ela franziu as sobrancelhas.

"Sinto muito." Ela pareceu tão genuína que me perguntei por um momento se já tivera que lidar com aquele sentimento, aquela mistura de perda e alívio pela morte de alguém que a tinha machucado. Fiquei pensando em como articular isso, para ela, para qualquer um. Baixei a mesa de apoio e descansei o rosto nas mãos.

Owen tinha morrido de overdose de heroína, sozinho, aos 21 anos. O corpo dele tinha ficado trancado na pousada em que estava hospedado, trancado lá por três dias até que alguém descobrisse onde ele estava. A polícia teve que arrombar a porta.

Fui ao enterro sozinha e optei por ficar mais para trás na multidão. Estávamos em um penhasco sobre o oceano. O céu estava completamente azul. Apertei os olhos para ver o pai de Owen falar. Ele disse que quando a polícia levou o corpo de Owen para fora da pousada, ele chorou. O menininho lindo dele estava morto. Ele dissera: "Meu filho, sente só o sol", enquanto o sol da Califórnia batia no corpo pálido e sem vida de Owen.

"Meu filho, sente só o sol, meu filho", ele lamentou.

Algumas semanas depois de eu dizer a Owen que não queria mais vê-lo, ele dirigiu comigo por 45 minutos saindo da cidade até uma faculdade, pagando a gasolina com notas amassadas e sujas que tinha ganhado trabalhando com construção. "Deixa só eu te levar nesse show", ele me mandou por mensagem. Ele tinha comprado os ingressos meses antes, e eu ainda queria ir. Eu queria provar para mim mesma que estava no controle, que não era vulnerável às manipulações dele. "Tá bom. Mas a gente vai como amigo", esclareci.

"Como amigo", ele concordou.

Fiz questão de usar roupas novas que ele nunca tinha visto e botas brancas que eu havia comprado em um brechó que me faziam sentir mais velha e segura de mim mesma. Eu estava distante e despreocupada quando ele chegou para me buscar. Esse era o tipo de coisa que mulheres adultas faziam: andar com caras de quem já tinham sido próximas, mas não eram mais.

Ele ficou parado atrás de mim, sem me tocar, enquanto assistíamos ao show. As luzes baixaram quando a banda começou a cantar uma balada tranquila:

Love of mine, someday you will die...
If there's no one beside you when your soul embarks
Then I'll follow you into the dark[3]

Sentada no avião, senti a memória de Owen parada atrás de mim; lágrimas escorreram pelo meu rosto. Eu chorei, mas não porque não o veria de novo. Chorei porque não conseguia acreditar que eu era o tipo de pessoa que tinha ido àquele show com ele, que tinha perdido a virgindade com ele sem estar com vontade. Chorei porque, ao contrário da menina que o acusou de estupro, eu não tinha conseguido dizer *Eu fui violada*. Chorei porque me senti culpada por abandonar Owen. Chorei por não ter terminado com ele antes. Chorei porque tinha certeza de que era uma pessoa que não merecia estar em segurança. Chorei pela perda de uma vida diferente, repleta de experiências e de pessoas que eu tinha escolhido. Chorei porque não me sentia a heroína da minha própria vida. Chorei porque tinha vergonha de ser tão incapaz de estar no controle.

"Por favor, nunca venha atrás de mim", eu sussurrei na palma das minhas mãos sob o zumbido do avião. "Eu não quero ficar na escuridão com você."

E então, com firmeza: "Owen, não".

---

3 Meu amor, um dia você vai morrer... / Se não tiver ninguém do seu lado quando sua alma embarcar / Então vou atrás de você na escuridão. [N. T.]

"Toxic"

Eu tinha dezesseis anos em 16 de fevereiro de 2007, quando fotografias de Britney Spears raspando a cabeça apareceram na internet. Na época, eu fumava maconha todos os dias depois da escola, transava regularmente — e sem proteção — com um namorado mais velho que nem uma vez sequer me levou ao orgasmo, e trabalhava como modelo, dirigindo de San Diego a Los Angeles algumas vezes no mês e perdendo aulas para ir a sessões de fotos. Esse foi o ano em que posei para uma revista de surfe como "o gostinho do mês". Eu estava bronzeada e sem blusa na foto, vestindo apenas a parte de baixo de um biquíni preto, de costas para a câmera, meu dorso nu fazendo a forma da letra S. Olhava timidamente por sobre o ombro, de boca aberta, uma ligeira surpresa nos olhos. Eu estava no penúltimo ano do ensino médio.

Ninguém poderia ter passado batido pela imagem de Britney inclinada para o espelho, com os olhos desvairados e manchados de rímel, segurando delicadamente uma máquina de cortar cabelo e raspando a cabeça com atenção. Ela está sorrindo na foto, exultante, como se tivesse acabado de ouvir uma bela piada e se divertindo com ela. Tufos de cabelo castanho comprido ainda estavam presos ao alto de sua cabeça, uma lembrança de que Britney já tinha estado ali.

Naquele mesmo ano, ajudei Sadie, uma garota que eu conhecia da escola, a assinar com a minha agência. Ela tinha mais corpo de modelo de passarela do que eu; tinha 1,75m e não pesava mais que cinquenta quilos, enquanto eu era considerada baixa e curvilínea (uma "garota para biquíni", meus agentes me disseram quando tiraram minhas medidas). Durante toda a vida, Sadie tinha ouvido que seu corpo era ideal para a moda, mesmo quando não passava de uma criança, surfando e sonhando em ser atleta. Ela tinha pernas de amazona, feitas para correr e chutar, como se estivesse pronta para uma batalha. Usava o cabelo preto de lado, segurando-o com um grampo simples e prendendo-o em um rabo de cavalo baixo e preciso. De perfil, ela era só maçã do rosto, com um nariz largo e lábios cheios e vermelhos. Seu pescoço alongado de cisne parecia poder facilmente se torcer sobre si mesmo ou mergulhar para o chão como aquele brinquedo Mola Maluca.

Mesmo quando usava vestidos brancos rendados, bem menininha, e brincos compridos delicados, Sadie parecia perigosa, como se fosse feita de armas que ainda estava por dominar.

Sadie morava a dez minutos da nossa escola, em um condomínio fechado saindo da 101, e tinha em sua maioria amigos homens, especificamente um grupo descolado e mais velho. Eles se autodenominavam "Scab Crew" e desenhavam as letras *sc* em seus skates. Ela ficava chapada com eles na hora do almoço; das janelas da minha aula de espanhol do terceiro horário, eu a via voltar para a escola, atrasada. Ela abria a porta pesada da nossa sala, murmurava "Desculpa" sem entusiasmo e se jogava em uma carteira de plástico nos fundos. Nossos olhos se encontravam e ela sorria enquanto tirava o papel-alumínio de um burrito gigante, que começava a comer ruidosamente, consolidando sua reputação de garota rebelde.

Meu pai era o professor de pintura da nossa escola. A Academy era a escola pública alternativa do distrito; funcionava em um sistema de trimestres em vez de semestres e oferecia aulas de patins na educação física, por exemplo. Havia uma equipe de surfe, mas não tínhamos futebol americano. Nas manhãs cinzentas de sábado, as garotas populares da classe alta acordavam cedo e dirigiam para várias praias para assistir à equipe de surfe competir. Elas ficavam descalças na praia, usando moletons de zíper sobre os biquínis e balançando as mãos no ar, gritando, da areia, os apelidos dos meninos.

Eu tinha mudado para a Academy no fim do ensino fundamental, sem conhecer ninguém além do meu pai e de alguns dos professores que eram seus colegas. Meu pai usava chinelo todos os dias e só fazia a chamada no final da aula. Fazer a aula dele depois do almoço era "o sonho"; você podia aparecer a hora que quisesse, e mesmo chapado. Todo mundo estava convencido de que as regras do meu pai eram negligentes porque ele era um ex-hippie maconheiro, mas eu sabia que isso não era verdade. Ele simplesmente gostava da reputação de professor tranquilão. Os caras gatos da equipe de surfe o adoravam e o chamavam de Rata. "O Rata é uma lenda", diziam, com os olhos vermelhos e a pele sardenta de tanto sol.

No ano anterior à minha chegada, meu pai disse a alguns dos garotos da equipe de surfe que a filha dele mudaria para a escola no outono. "Fiquem de olho nela", disse.

No primeiro dia do meu primeiro ano do ensino médio, coloquei um sutiã push-up e um vestido vermelho fino e fui para a escola com o meu pai, na cabine da caminhonete Toyota dele. A Academy não tinha regras de vestimenta, e fiquei empolgada por poder usar o que eu quisesse. Dava uma sensação de frescor, uma liberdade adulta estimulante. Eu ia andando para as aulas, sem virar o rosto quando garotos populares passavam por mim, exclamando alto o suficiente para eu ouvir: "Cara, essa é a filha do Rata!", "Ela é gostosa, cara". Eu segurava firme meu fichário de três argolas junto do peito.

Pouco depois, a notícia de que "a filha do Rata era modelo" se espalhou. Não era só a minha aparência que fazia os garotos prestarem atenção em mim; era também minha imagem no mundo exterior como garota atraente. Fiquei assustada com a atenção dos garotos mais velhos, mas também feliz: a minha aparência estava me rendendo atenção na nova escola, e eu era grata por não ser invisível.

Sadie estava sempre com aqueles meninos. Ela tinha o número de todos eles no telefone, salvos com os respectivos apelidos. Ela sabia quais matérias eles estavam cursando, quais planos tinham para o fim de semana, onde moravam e quais garotas eles achavam gostosas; lembrava dos nomes das garotas do primeiro ano com peitos grandes e das do segundo ano com cara de que transavam. Ela fazia questão de cumprimentar essas garotas e elogiar suas roupas quando as via no corredor. Foi assim que ela e eu passamos a andar juntas.

Em alguns meses, os garotos começaram a me convidar para almoçar fora da escola. Eu aceitava constrangida e os encontrava no estacionamento, vasculhando a multidão em busca de um rabo de cavalo preto familiar. Normalmente passávamos os trinta minutos conversando sobre o meu pai. "Você já fumou com ele?", perguntavam, olhando para mim do banco do motorista. (Não.) As garotas bonitas e populares percebiam quem chamava a atenção dos garotos, me vendo entrar nos Nissans e Toyotas deles com desconfiança e interesse. Algumas escolhiam ser maldosas ou me ignorar completamente; Sadie decidiu me manter por perto.

Nos fins de semana, ela levava um carro cheio de garotos para os lugares onde eles andavam de skate. O namorado dela, Mike, sempre ficava sentado, irritado. Fazendo um retorno furiosamente violento, ela cantava pneu até parar do meu lado, a cabeça toda para fora da janela, as duas mãos no volante, os longos braços estendidos para a frente.

"Emski, entra!", ela gritava. Eu me arrastava para o banco de trás lotado, me equilibrando no colo de um cara, me abaixando para não bater a cabeça no teto enquanto ela afundava o pé no acelerador e arrancava.

Antes de começar a trabalhar como modelo, Sadie era caixa em uma lanchonete na praia. Eu ficava impressionada com o fato de ela sempre ter dinheiro à disposição. "São as gorjetas", ela dizia quando sacava um punhado de dólares para pagar a gasolina, os burritos, as garrafas de bebida (adquiridas como desse: nossa péssima identidade falsa ou amigos mais velhos), as compras por impulso, o que ela quisesse. Ela era só um ano mais velha, mas eu sentia como se ela fosse uma adulta e eu, uma criança.

Quando Sadie ficava bêbada em uma festa na casa de alguém, ela ficava na rua em frente ao carro estacionado e brincava de lutinha com um dos caras do Scab Crew, em geral o que estivesse mais bêbado. Ela ria muito e chutava de repente, com habilidade, bem alto, os punhos cerrados junto ao peito. Ela era mais alta do que a maioria dos garotos, e em algum momento eles diziam que já estavam cansados.

"Calma, Sadie. Poxa!"

Mas alguns gostavam daquela oportunidade de machucá-la. Quando isso acontecia, eu costumava me afastar uns passos e, nervosa, fingia que estava mandando uma mensagem. Mas Sadie parecia gostar especialmente da briga quando um deles entrava no clima de verdade, agarrando seus pulsos e empurrando-a o mais forte que pudesse. Ela queria o desafio. Parecia querer senti-los tentando machucá-la.

Por fim, o cara conseguia, e Sadie se jogava no chão, desabando, as pernas esparramadas. Eu me lembro dela chorando, deitada no cimento, gemendo. Quando eu me ajoelhava para confortá-la, ela se levantava de repente e passava por mim, franzindo o cenho e correndo atrás de um dos caras, nunca sequer olhando na minha direção.

Quando chegávamos juntas às festas, eu sabia que, de fora, parecíamos amigas. Mas quando estávamos juntas sozinhas, sem ninguém nos vendo, eu não tinha certeza do que Sadie queria de mim. Ela parecia saber como agir em qualquer situação, como ser descolada com as pessoas certas e desconsiderar as que eram desimportantes. Sadie se adequava a qualquer ocasião, ria de piadas que todo mundo menos eu entendia e furtava coisas em lojas como uma profissional, conseguindo roubar o vestido que usaria no baile do provador que dividimos na loja de departamentos enquanto eu ia obedientemente ao caixa pagar o meu. O que eu poderia oferecer a ela? Para além do ocasional ataque de emoção quando bebia demais, que parecia mais um simples pedido de atenção, ela parecia consolidada. Sadie entendia o mundo com muito mais clareza do que eu. Era como se ela tivesse nascido aos dezessete anos, de pernas longas e arredia, dando guinadas pela cidade, o carro cheio com os caras do Scab Crew. Sadie tinha um talento natural para se guiar pelo mundo dos garotos. Só o que eu podia esperar era aprender com ela.

"A Britney ficou louca pra caralho", Sadie sussurrou no meio da aula de informática, mostrando a imagem infame na tela. Aquela havia sido a era de Lindsay Lohan saindo cambaleante de casas noturnas, com pó branco no nariz, calcinha (ou a falta dela) apontando entre as pernas finas; de Amy Winehouse com os quadris minúsculos, a barriga inchada e o cabelo armado. Estávamos acostumadas com essas imagens. Mas, quando Britney raspou a cabeça, foi diferente, nós não conseguíamos entender. Examinamos a foto e franzimos o nariz.

"Ela está feia pra danar", Sadie zombou.

Fiquei com raiva; Britney estava destruindo a garota que eu tinha idolatrado. Como filha única que havia passado uma quantidade excessiva de tempo com os pais que nasceram durante o *baby boom*, perdi muito da socialização e da cultura pop que meus colegas vivenciaram. Eu me lembro de ver as garotas precoces da minha classe da quinta série dançarem "Genie in a Bottle", da Christina Aguilera, hipnotizada e cheia de inveja e curiosidade enquanto elas mexiam os quadris em sincronia perfeita, garotas de doze anos com jeans preto de cintura baixa e tops se movendo juntas como um organismo único. Eu não tive uma fase Spice Girls e não sabia a letra de nenhuma música dos Backstreet Boys. Nunca assisti a *High School Musical* ou *The Simple Life*; meus pais não me deixavam assistir à televisão em casa.

Mas eu tinha a Britney.

Em um Natal, pedi especificamente o álbum de estreia dela, *Baby One More Time*. Eu estava fascinada com a expressão de Britney no clipe da música de mesmo nome, o jeito como os olhos dela encaravam inocentes a câmera, seu rosto emoldurado por pompons cor-de-rosa e marias-chiquinhas. Ela estava na escola, de uniforme, e eu queria saber como a Britney fazia, como ela parecia tão sedutora, mesmo dentro dos limites da escola, com todas as regras. Coloquei o CD para minha mãe ouvir, querendo compartilhar minha animação. Era um Natal chuvoso, e o pesado tocador de CD estava apoiado no parapeito de uma janela. Dancei na frente dele e cantei junto. "Ela manda bem, né?", perguntei.

Minha mãe fez uma careta, franzindo o nariz. "Não na minha opinião. Não gosto."

Revirei os olhos e continuei dançando, atribuindo o desdém dela à nossa diferença de gosto e de geração. Não entendi que ela pudesse ter ressalvas a canções como "Born to Make You Happy", em que uma Britney de dezessete anos canta:

I don't know how to live without your love,
I was born to make you happy.[4]

Mas talvez minha mãe não estivesse a par das letras; não sei. Quando todas nós ficamos sabendo que Britney tinha perdido a virgindade com Justin Timberlake, eu tinha doze anos e queria desesperadamente perguntar sobre aquilo para os meus pais. Eu queria saber se era o.k. ou se ela tinha feito alguma coisa muito ruim, até imperdoável. Eles estavam bravos com a Britney por transar? Ela havia traído os fãs, e a mim especificamente? O que aconteceria com Britney agora que ela não era mais a mesma?

Mesmo quando Britney mudou e perdeu sua imagem de inocência, uma coisa continuou igual: ela era singular. As únicas mulheres que apareciam com frequência ao redor dela eram suas bailarinas de apoio, posicionadas estrategicamente para a atração principal chamar mais atenção. Outras pop stars eram concorrentes, nem amigas nem aliadas. As revistas de fofoca fizeram quadros comparando Britney com sua antítese, Christina Aguilera. Quando elas finalmente apareceram juntas no MTV Awards, foi apenas para sensualizar trocando saliva entre si e com Madonna. A mensagem era clara: quando as mulheres estavam juntas, era só para excitar os homens.

Um ano depois de Britney ter perdido a virgindade, eu ganhei meu primeiro celular de flip e coloquei no meu toque a versão instrumental de "I'm a Slave 4 U". Eu sabia a letra toda de cor (*"Oh baby, don't you wanna dance up on me?/ Are you ready?/ Leaving behind my name and age"*[5]), e eu sempre tive o rosto da Britney em mente quando ouvia suas músicas: como seus olhos

---

4 Eu não sei como viver sem o seu amor, / Nasci para fazer você feliz. [N. T.]
5 Ah, amor, você não quer dançar em cima de mim? / Você está pronto? / Deixe para lá meu nome e minha idade. [N. T.]

de filhote pidão se expandiam curiosos, como se a tivéssemos pegado de surpresa, interrompendo-a, e como ela nos encarava, até o nosso âmago, com perplexidade e sinceridade. *Do que você está precisando?*, era como se Britney perguntasse.

No fim do ensino fundamental, meus peitos cresceram e minhas pernas ficaram longas e magras, e pessoas estranhas começaram a me abordar, muitas vezes no mercadinho ou no shopping. Elas se aproximavam, segurando a bolsa, e se inclinavam em direção à minha mãe para falar: "Ela *realmente* devia pensar em seguir a carreira de modelo". Como se dissessem: *Como você pode negar à sua filha essa oportunidade?* Meus pais resistiram no início — uma vez minha mãe gritou com uma mulher: "Ela vai ser neurocirurgiã!" —, mas ficaram mais abertos à ideia depois que eu fiz treze anos. Minha mãe me disse que eu podia decidir se queria começar a atuar como modelo, que dependia de mim. Ela sempre conta essa história, se perguntando: *Como foi que tudo isso começou?*

"Eu nunca vou esquecer!", diz ela. "Você estava olhando pela janela, a gente estava visitando meu irmão em Nova York, em um táxi indo ao Upper East Side para encontrá-lo. Você se virou para mim e disse: 'Mãe, eu quero tentar. Estou pronta'."

Isso deve ter sido na época em que Britney lançou "Toxic", que provavelmente ainda é a minha música favorita dela. Gosto sobretudo do interlúdio em que ela canta um longo e assustador "Ahhhh, ahhhh, ahhhh" que é cortado bruscamente pelo som de um scratch de DJ. No clipe, Britney aparece como uma comissária de bordo malvestida em um avião cheio de homens de negócios velhos, gordos e suados, voando por um céu amarelo distópico. Britney derrama líquido no colo de um homem, só para limpar esfregando com força na batida da música.

Intoxicate me now with your lovin' now
I think I'm ready now (I think I'm ready now)[6]

Aos treze anos, eu tinha aprendido por meio da hierarquia da escola que as meninas consideradas gostosas recebiam mais atenção. Elas eram *especiais*. Britney era assim – ela impunha um tipo de poder que, por meio da atuação como modelo, de repente parecia alcançável. *Quero ser uma delas*, pensei.

Depois daquela visita a Nova York, minha mãe me levou de carro até Los Angeles para uma reunião com a Ford Models. Eu estava usando uma calça jeans de cintura baixa da Frankie B., minha peça de roupa mais cara e estimada. A calça tinha os bolsos de trás enfeitados com strass, o que tornava difícil me sentar com ela porque a ferragem perfurava o jeans e machucava a pele da minha bunda. A calça era tão baixa que o meu cofrinho aparecia; eu puxava os passadores do cinto com tanta frequência que eles acabaram rasgando.

Na Ford Models, uma mulher de quase quarenta anos, de cabelo cacheado, mediu meus quadris por sobre aquela calça. Fiquei olhando para o alto da cabeça da mulher quando ela se ajoelhou e passou uma fita em volta dos meus quadris e olhou nervosa para a minha mãe. "Oitenta e seis centímetros", ela anunciou, dobrando a fita métrica nas mãos. Então ela disse mais baixinho, só o suficiente para eu ouvir: "Vamos tirar alguns centímetros por causa desses bolsos".

Depois, nos sentamos em poltronas brancas na sala de espera. Um agente trouxe uma grande pilha de papéis repletos de linhas e mais linhas de texto pequeno e preto. Minha mãe assinou em

---

6   Me intoxique agora com o seu amor agora / Acho que estou pronta agora (acho que estou pronta agora). [N. T.]

meu nome. "Isso tudo está acontecendo muito rápido. Eu não estava preparada", disse ela, molhando a ponta do dedo para folhear as páginas, de óculos.

Aparentemente, quando Britney chegou ao salão e disse que queria raspar na zero, o cabeleireiro tentou dissuadi-la. Britney foi em frente e pegou uma máquina de cortar cabelo e começou ela mesma a raspar. Ela disse: "Eu não quero que ninguém encoste a mão em mim. Estou cansada de todo mundo encostando em mim".

Depois das festas aos finais de semana, Sadie e eu dormíamos na casa do namorado dela, Mike, um cara do Scab Crew que morava com um parente a poucos quarteirões da praia. Nunca vi o sujeito com quem ele morava, mas sabia que tinha acabado de sair da prisão e que não tinha interesse no que a gente estava fazendo. O que era perfeito. A gente podia entrar a qualquer hora e fazer barulho ou empestear a casa de maconha. Ninguém ligava. Mike vendia maconha, ecstasy e cocaína no quarto dele; eu não sei por que ele morava lá e não com os pais.

Nós três dormíamos na mesma cama: Mike na beirada, Sadie no meio e eu espremida no canto da parede. Eu nunca tirava a roupa que tivesse usado à noite. Jeans apertados e duros. Minivestidos. Não dormia bem lá, mas ter a cama de Mike para passar a noite significava que eu não precisava me preocupar com a hora de chegar em casa.

Uma noite, acordei no escuro, a cabeça de Sadie bem ao lado da minha no travesseiro, seu rosto virado para o outro lado. Eu podia ver o rabo de cavalo grosso meio bagunçado. Mãos estavam se esticando sobre ela, me tocando. Meus peitos estavam para fora da minha camiseta e Mike estava apertando os meus mamilos. Eu fiquei paralisada, olhando para a parte de trás da cabeça de Sadie, enquanto me dava conta do que estava acontecendo. Fechei os olhos e fingi que estava dormindo, suspirei e rolei até ficar de barriga para baixo, longe do alcance de Mike. Arrepios cobriram meu torso e meus braços. Senti o ar frio entrando pela janela acima de mim e tentei inspirá-lo, na esperança de me acalmar e voltar a dormir.

Nunca contei para Sadie nem para ninguém o que aconteceu naquela madrugada. *Será que eu tinha imaginado aquilo?* Eu disse a mim mesma que, ao estender a mão por cima do corpo de Sadie para tocar o meu, Mike tinha me elogiado. Disse a mim mesma que aquele era o tipo de coisa que deixaria Sadie com ciúmes, o que eu sabia que era verdade. *O seu namorado gosta mais dos meus peitos do que dos seus*, pensei. Isso me deu algum poder sobre ela? Até comecei a me convencer de que gostava do toque de Mike. Talvez eu estivesse a fim daquilo? Excitada, até? Eu sabia que se a Sadie descobrisse, ela me culparia.

Naquele mesmo verão, Sadie e eu passávamos no escritório da Ford juntas em nossas viagens durante a semana a Los Angeles, quando tínhamos tempo sobrando entre os castings ou precisávamos esperar o trânsito melhorar antes de fazer o trajeto de duas horas de volta para casa. Sadie entrava cantando pneu no estacionamento do arranha-céu chique em West Hollywood e freava junto da cabine do manobrista com um solavanco, nossas cabeças guinando para a frente. Nós descíamos, exalando cheiro de batata frita; minhas pernas formigando por ter ficado tanto tempo sentada. Sadie ficava confiante nos saltos altos que usávamos nessas viagens, e eu admirava o caminhar dela enquanto ia cambaleando atrás, observando a cordinha do biquíni amarrada na nuca dela balançar enquanto ela se movia. Nós duas sabíamos que sempre tínhamos que usar biquíni por baixo das roupas quando íamos à agência.

Naquela visita em particular, tínhamos ido posar para "digitais", as fotos não retocadas e "honestas" que os agentes enviavam para os clientes como referência. Quando chegamos ao décimo segundo andar, a um escritório rodeado de enormes janelas com vista panorâmica para o Sunset Boulevard e as colinas além dele, nós nos despimos e ficamos só de salto e biquíni. Eu me lembro de me inclinar, cercada de agentes no meio daquele amplo espaço aberto, fingindo acertar meu salto, para me certificar de que o fio do meu absorvente interno estava escondido entre as minhas nádegas.

Eu podia comprar um biquíni a cada verão, e o que usei naquela tarde já tinha visto dias melhores. Sadie e eu tínhamos passado o verão todo na praia, e a minha parte de cima vermelha chamativa estava puída e desbotando. Conseguir trabalhos pagos significava que eu poderia comprar um biquíni novo e sapatos de salto de couro envernizado branco como os que Sadie estava usando naquele dia. Dinheiro significava liberdade e todo um outro tipo de poder que eu estava apenas começando a entender, mas que estava desesperada para ter.

As cordinhas do meu biquíni davam a volta nas minhas costelas, juntando meus seios e pressionando-os para cima. Eu arqueei as costas e empinei a bunda enquanto caminhava obedientemente atrás de uma jovem assistente, passando pelos agentes sentados diante de seus computadores.

"Esse corpo", sussurrou um agente gay, com os olhos se acendendo para mim quando passei. Eu sorri.

Tiraram as fotos de Sadie depois das minhas; ela retraía e abaixava o queixo e apertava ligeiramente os olhos enquanto mudava o peso de uma perna para outra para fazer o quadril saltar. O biquíni dela era preto e de cintura baixa, e chegava ao ponto certo dos quadris. Eu fiquei observando, comparando nossas medidas na minha cabeça. Eu me achava muito cheia de curvas, talvez até gorda, e definitivamente baixa demais ao lado da Sadie de salto.

"Vamos lá, garota", o assistente disse enquanto observava Sadie se mover e posar. Eu fiquei mais ereta e dei uma inalada no ar, tentando ver se conseguia sentir o cheiro do meu suor.

Assim que tiraram as fotos digitais, o agente lançou: "Vamos dar uma olhada nos seus books, meninas", girando na cadeira de escritório e acenando para nos aproximarmos.

Nós arrastamos os pés até a mesa larga, ainda seminuas, segurando nossos enormes portfólios brancos.

"Garotas, vocês deixam isso no carro quente com frequência demais, dá para ver. As páginas de plástico estão ficando enrugadas." Ele fez "tsc, tsc" enquanto folheava página após página com nossas fotos. "Dá pra fazer uns books novos pra essas garotas?" Sadie e eu nos entreolhamos, sabendo que aqueles novos portfólios apareceriam como abatimentos em letras miúdas no nosso próximo contracheque.

Olhei para baixo quando ele parou em duas ampliações lado a lado do meu rosto, meus lábios tensionados e a boca aberta em uma página e olhos semicerrados na outra.

"Agora, *essa é a* cara. É assim que a gente sabe que estão comendo essa garota!" Ele apontou para as fotos.

Sadie me deu um empurrãozinho e sorriu. "É verdade", uma agente concordou de sua mesa. "A gente sempre sabe quais garotas estão transando pelas fotos."

Meu rosto ficou quente quando olhei da agente para Sadie. Queria perguntar para ela – eu deveria me orgulhar daquilo?

Experimentei uma estranha sensação de confiança crescer em mim enquanto os agentes assentiam, aprovando. Eu era a "sexy", e todos ao meu redor pareciam concordar que isso era uma coisa boa. Era isso que me tornava diferente e especial, e talvez até poderosa. Abracei minhas costelas com as mãos e empurrei meus seios ainda mais para cima, sorrindo.

Uma das canções de Britney que todo mundo adorava, menos eu, era "Lucky". No clipe, Britney aparece em dois papéis: ela canta a letra, agindo como uma espécie de narradora, enquanto zela por sua outra versão, mais glamorosa, que recebe prêmios e desfruta da adulação dos fãs. Essa segunda Britney mora em uma casa enorme, chique e vazia, e circula por ela sozinha usando um robe cor-de-rosa e um colar de diamantes, se olhando em um espelho de mão antigo. Às vezes, há três Britneys na tomada: a narradora, a Britney adorada e solitária e o reflexo desta última. A Britney triste não era o que eu queria ver. Eu não queria saber como ela se sentia solitária apesar de todo o seu sucesso. O clipe termina quando a Britney glamorosa rola na cama, com a maquiagem borrada e um olhar não muito diferente do que veríamos poucos anos depois, encarando um espelho com um cortador de cabelo na mão.

> *She's so lucky, she's a star*
> *But she cry, cry, cries in her lonely heart, thinking*
> *If there's nothing missing in my life*
> *Then why do these tears come at night?*[7]

Não me lembro de ter gostado para valer, em algum momento, de ser modelo, e muitas vezes me pergunto se o mesmo aconteceu com Sadie. Por outro lado, me lembro de me olhar no espelho

---

7 Ela tem tanta sorte, ela é uma estrela / Mas ela chora, chora, chora em seu coração solitário, pensando / Se não tem nada faltando na minha vida / Por que essas lágrimas me vêm à noite? [N. T.]

uma vez em uma sessão de fotos, maquiada por um profissional, parecendo bem mais velha do que eu realmente era, abrindo a boca, projetando os lábios e arqueando as costas enquanto o fotógrafo clicava. Eu gostei da minha imagem naquele momento, ou pelo menos fiquei impressionada com aquela garota: eu era desejável; eu era almejada; e eu sabia que se qualquer garota da escola (sobretudo Sadie) me visse daquele jeito, ficaria louca de inveja. Então, mesmo quando sentia medo e desconforto no apartamento de fotógrafos de meia-idade que faziam eu me trocar nos seus banheiros minúsculos, onde eu ficava cercada por seus desodorantes, kits de barbear e preservativos, e que, quando eu entrava em seus "estúdios", me perguntavam se eu tinha namorado ou faziam comentários sobre meu corpo, eu dizia a mim mesma que tinha sorte. Eu tinha evidências fotográficas do meu valor e estava até começando a economizar algum dinheiro.

Lost in an image, in a dream…
And the world is spinning, and she keeps on winning[8]

No ensino médio, quando eu dizia às pessoas que estava dividida entre ir para a faculdade e seguir a carreira de modelo em tempo integral, elas me avisavam: "As modelos têm um prazo de validade. A carreira termina aos trinta". Isso sempre me aborreceu. Eu achava que quem dizia isso estava sendo sexista e preconceituoso em relação à idade, sugerindo que as mulheres não podiam ser mais velhas e ainda ser bonitas. Mas agora acho que essas pessoas estavam certas, mesmo que por acidente. Talvez as mulheres não possam continuar *vencendo* depois dos trinta.

---

8 Perdida em uma imagem, em um sonho… / E o mundo está girando, e ela continua vencendo. [N. T.]

Sadie e eu nos afastamos durante o último ano dela no ensino médio e o meu penúltimo. Nunca soubemos ser amigas de verdade, de qualquer modo – como proteger uma à outra, como falar sobre as coisas que aconteciam com a gente em festas na casa das pessoas, em castings ou com agentes. Já no começo da nossa amizade, tínhamos começado a nos encarar mais como concorrentes do que como aliadas.

Durante o último verão que passamos juntas, andamos com um grupo de meninos que tinham o hábito de entrar escondidos na casa dos pais de um pessoal rico. A essa altura o Mike já estava fora da jogada, e começamos a contar com um novo lugar para passar a noite quando ficávamos fora até tarde. Nós nos esgueirávamos por uma janela e ouvíamos com atenção, nos certificando de que ninguém estivesse em casa. Então nos empurrávamos correndo para escolher nossos quartos. Ficar lá parecia mais seguro do que ficar na casa de Mike jamais fora, mesmo que claramente estivéssemos arrombando e invadindo.

Em uma noite que passei lá com meu namorado, fiquei menstruada enquanto dormia, vazando sangue vermelho vivo por todo o lençol do quarto de casal. Quando acordamos, meu namorado estava convencido de que nosso abrigo seria descoberto e de que os donos da casa mandariam todos nós para a cadeia pelo resto da vida por causa da bagunça que eu tinha feito com o sangue na cama deles. Ele olhou para mim em pânico, e, envergonhada, fui contar para Sadie o que tinha acontecido.

Sadie voltou para o quarto comigo, calmamente tirou o lençol da cama e foi até o banheiro sem dizer uma palavra. Ela arregaçou as mangas e abriu a água fria na pia. Observei por trás dela enquanto a água ficava marrom e vermelha. Ela torceu e colocou os lençóis na máquina de lavar. Deve ter sido a única vez em que senti como se ela fosse minha amiga de verdade. Quando agradeci, Sadie deu de ombros como se não tivesse sido nada.

Por fim, Sadie foi para a faculdade em San Francisco. Sempre que via uma atualização sobre ela no Facebook, eu sentia uma pedra no estômago de ansiedade, me lembrando da época que tínhamos passado juntas e da pessoa que eu era aos quinze anos. Eu estava sempre a par da vida dela, verificando as redes sociais a cada dois meses para ver o que andava fazendo. Ela cortou o cabelo supercurto. Descoloriu. Depois se apaixonou por um cara muito mais velho, que parecia punk. Terminou com ele. As pernas dela ficaram mais finas, eu percebi. Ela viajou para o Japão. Então se mudou para Los Angeles. E foi para a escola de arte. E parou de vez de usar roupas que deixavam as pernas de fora.

Eu podia sentir que ela me acompanhava também. Eu me perguntava como a minha vida devia parecer para ela. Eu desejava poder ver a minha vida através dos olhos dela.

Um dia, Sadie me mandou uma mensagem. Estava cheia de pontuação exagerada e longos "hahahas", o que me surpreendeu, porque a Sadie que eu conhecia era indiferente e imperturbável. Agora, ela estava exagerando na pontuação. Havia palavras demais em maiúsculas e longos "hahahahas".

Trocamos mensagens, atualizando uma à outra sobre o básico de nossas vidas. Ela me disse que tinha encontrado sem querer um namorado meu em uma casa noturna em Los Angeles, que muitos artistas frequentavam. *É claro que ela vai lá*, pensei. *Ela ainda é descolada pra caramba depois de todos esses anos.* Sadie explicou que tinha ido dar um oi para ele.

"Eu estava reclamando sobre como a gente fez o ensino médio em uma cidade litorânea idiota e saía com um monte de skatista", disse ela.

Eu me ericei; não queria relembrar. Eu tinha certeza de que, de alguma forma, a conversa me levaria de volta à minha eu de quinze anos, calada e cúmplice na cama na casa do Mike ou desconfortável e insegura nos castings. Eu tinha vergonha daquela versão de mim mesma. Eu odiava o fato de que Sadie a tivesse conhecido.

Agora nós já moramos em duas cidades grandes e importantes, Nova York e Los Angeles, ao mesmo tempo. Ela é artista. Conhecemos algumas pessoas em comum; nossos grupos de amigos coincidem. Parece que Sadie tem amigas de verdade agora. Às vezes me pergunto se em um universo alternativo – no qual viramos amigas *de verdade* –, nós poderíamos ter ajudado uma à outra a nos guiar por essas cidades e esses mundos desconhecidos durante os nossos vinte e poucos anos. Mas, sobretudo, estou feliz em ver que ela criou uma vida que, ao contrário de nossa realidade no ensino médio, não parece girar exclusivamente em torno da atenção de meninos e homens.

Lamento que nunca tenhamos nos concentrado nas coisas certas quando elas mais importavam, mas estou feliz em saber que ela está bem. Eu só queria ter lhe dito no ensino médio como eu achava que ela era forte. Como eu gostaria de tê-la conhecido melhor.

Ao procurar no Google "Britney cabeça raspada" agora, aparece uma imagem que não me lembro de ter visto antes. Os braços de Britney estão levantados como se ela estivesse tocando o que resta do cabelo. Não há nenhuma máquina de cortar cabelo à vista. A imagem é quase pacífica. Britney está afastada do espelho, e não olha para nós, mas para além de nós. Seu pequeno nariz e seus grandes olhos de boneca estão brilhantes, e o olhar, distante. Ela parece aliviada. É quase artística, essa foto, lembra *Moça com o brinco de pérola*, mas, enquanto a moça na pintura usa um turbante para cobrir a cabeça, o cabelo de Britney não está mais lá, e no seu lugar aparece seu chocante couro cabeludo exposto. A imagem surpreende. Soa violenta, como um aviso.

Pq, oi, é a Halle Berry

Tinha começado a chover na ilha de manhã. Nós ficamos vendo as gotas formarem pequenos círculos perfeitos na superfície da piscina, e S abriu a porta de correr de vidro para deixar entrarem o ar pesado e o som da chuva. Ficamos em silêncio deitados na cama, com a cabeça ainda confusa do sono e o corpo bronzeado sob os lençóis brancos e frescos. Minha pele cheirava a água salgada e a protetor solar caro, adstringente e desconhecido.

Eu estava segurando meu café junto ao peito e olhando vagamente para as enormes nuvens cinzentas se expandindo enquanto avançavam pelo oceano Índico. Emoldurada pelo batente das portas de correr, a piscina infinita que se derramava no oceano parecia um plano de fundo de computador. As nuvens se moviam tão rápido que eu estava ficando com dor de cabeça por tentar acompanhá-las. Eu me sentia minúscula, como se pudesse ser varrida de onde estava se não tomasse cuidado.

Era o nosso terceiro dia ali? O tempo parecia irrelevante. Estávamos de fato no meio do nada, flutuando em um oceano do outro lado do planeta. Deslizamos nossos polegares para ver como nossa vida andava em casa, mas ninguém estava acordado para dar notícias. Éramos apenas nós dois e nossos iPhones, em um quarto construído sobre palafitas grossas de madeira que se erguiam do fundo do mar.

Saí da cama lentamente. A sola dos meus pés estava fria contra o chão liso. O *tum tum* da chuva me seguiu enquanto caminhei até o banheiro. Vislumbrei meu corpo nu nos espelhos pendurados nas paredes. Eu parecia sardenta e jovem, sonolenta de um jeito que as pessoas às vezes acham meigo e charmoso.

Lavei o rosto e me encarei, passando rímel nos olhos inchados enquanto tomava meu café frio.

Agora parece a hora certa para tirar uma foto e acabar logo com isso, pensei. S nem precisaria sair da cama para bater a fotografia. Cantarolei sozinha enquanto passava creme nas coxas e uma gilete a seco embaixo dos braços. Vasculhei minha mala para encontrar um biquíni da minha própria marca e comecei a tirar os nós de uma parte de cima, laranja, que tinha particularmente bastante cordinha, lembrando que ainda não tínhamos tirado foto dela. Kat, minha sócia e amiga, havia me lembrado antes de eu sair que era importante tirar uma foto minha usando aquele modelo específico. Os biquínis não costumavam vender tão bem se não tivesse uma foto minha usando as peças. Acertei a parte de baixo e me inclinei para me certificar de que meus seios estavam bem posicionados no alto do triângulo.

"S", chamei do banheiro. "Preciso que você tire uma foto."

"Tá bom." Ele sorriu para mim enquanto eu caminhava, ainda descalça, até a cama. "Olha só como você está bonita", disse ele suavemente, abrindo a câmera do telefone.

"Obrigada." Senti minhas bochechas corarem. Quando S e eu nos conhecemos, eu ficava constrangida em relação ao modo como eu me relacionava com o Instagram – pelo desejo, àquela altura da minha carreira, de aumentar o meu número de seguidores para que pudesse continuar sendo paga por marcas para promover produtos. Eu odiava ter que pedir a ele, como às vezes fazia, para tirar fotos minhas para que aquilo acontecesse. Levou uns seis meses para eu superar a minha vergonha e o chamar para ajudar. Era cafona, mas pagava as contas. A capacidade de ganhar a vida com base na minha imagem não devia ser motivo de constrangimento, pensei.

Eu me posicionei bem no meio da vista, de frente para a água, e coloquei os pés no batente de metal da porta de vidro de correr, a apenas alguns centímetros do aguaceiro, mas ainda seca e longe da chuva. "Achei melhor a gente acabar logo com isso."

"Olha pra mim", S instruiu, e eu olhei, sentindo a gordura da minha bunda dobrar na parte de trás da minha perna, minha expressão neutra.

"Pronto", disse ele, me passando o telefone.

Postei a foto, sem filtro, sabendo que as pessoas gostam de ver fotografias que elas mesmas poderiam ter tirado. Coloquei a legenda "Oi. Essa é a minha bunda usando @inamoratawoman": simples e direto ao ponto. Fiz questão de adicionar tags para que os seguidores pudessem comprar o biquíni direto do aplicativo.

Fomos até o bufê de café da manhã com as bicicletas disponibilizadas pelo hotel. Coloquei a regata tie-dye de S por cima do meu biquíni e uma das capas de chuva do hotel sobre ela. Com nossos tênis empurrando os pedais, tudo o que podíamos ouvir era o barulho suave das gotas de chuva batendo na folhagem enorme e espessa, e o ranger dos pneus de borracha contra a areia branca. Nós atacamos o bufê opulento, cada um com dois pratos, com uma pilha alta de tudo, de dim sum a rabanada. Eu sorri para S enquanto ele examinava meus pratos ridiculamente cheios, e nos sentamos à mesa. Saquei meu telefone e abri o Instagram, virando a tela para ele enquanto mergulhava um pedaço de torrada em um pote minúsculo de geleia.

"Quinhentos mil em uma hora. Nada mal."

"Poxa, é muita coisa", disse S, comendo um pouco do dim sum.

Concordei com um gesto de cabeça e comi minha torrada, observando as vendas do biquíni aumentarem. Ganhamos uma boa quantia de dinheiro e conseguimos mais três mil novos seguidores para a conta da marca, e ainda nem tinha amanhecido nos Estados Unidos. Não me dei ao trabalho de verificar o número dos meus próprios seguidores. Não precisava; eu sabia que sempre que postava algo sexy, perdia alguns. Mas no dia seguinte, sem falta, uma nova onda de seguidores chegaria.

Ainda sou viciada na sensação que tenho ao ver um post estourar com comentários e curtidas no Instagram. Tirar casualmente uma foto e fazer o upload para 28 milhões de pessoas dá um belo de um barato. Há um entusiasmo em saber que pessoas em todo o mundo podem estar falando sobre o que eu postei. Dá uma adrenalina criar uma onda gigantesca como essa sempre que tenho vontade.

Para o bem ou para o mal, sempre fui atraída pela superexposição. Exagerar me dá uma sensação de segurança. Ser a mais barulhenta do lugar, a que tem mais opiniões, a que está com o vestido que deixa mais à mostra. *Vá até o fim.* Ser exagerada também significa se tornar um alvo. Mas ao atrair o olhar e a atenção dos outros e, assim, seus ataques, tenho a sensação de ter mais poder, menos vulnerabilidade, já que sou eu mesma que estou me expondo. Ou pelo menos é isso que sinto, às vezes.

Eu estava sendo paga para aquela viagem com S. Um grande conglomerado de hotéis tinha acabado de inaugurar um novo resort de luxo nas Maldivas. A construção do hotel custara 400 milhões de dólares. O dono da ilha era um ricaço do Catar, o gerente-geral tinha nos contado, um francês todo vestido de branco que tinha ido falar com a gente no café da manhã. O grupo hoteleiro precisava gerar visibilidade, e a minha visita com tags da conta e da localização do lugar era valiosa para eles. Com esse tipo de propaganda, eu conseguia ganhar um monte de dinheiro só para ficar descansando ali por cinco dias e postando uma foto ou outra.

A chuva parou por tempo suficiente para conseguirmos voltar ao nosso quarto, uma viagem de dez minutos. Enquanto pedalávamos lentamente pela areia branca e úmida, funcionários em uniformes engomados paravam de trabalhar com o ancinho e colocavam as mãos juntas na altura do peito e baixavam ligeiramente a cabeça. Eu assentia e sorria de volta.

A confusão que senti antes, quando assistia à tempestade da nossa cama, estava se transformando em uma dor de cabeça completa. Deitei e me servi de um grande copo de água, desbloqueando meu telefone para voltar a dar uma olhada no meu post: 789.357 likes. Deslizei o polegar para baixo na tela e atualizei o número. 791.476. Então me voltei para S, que estava olhando o Twitter. Mesmo naquele cenário exótico, não conseguíamos ficar longe das nossas telas. O fundo dos meus olhos latejava. Senti um nítido impulso de jogar meu telefone no mar turquesa à nossa frente. Em vez disso, me afundei nas almofadas brancas e macias.

Ao lado da cama estava a biografia de Demi Moore, *Inside Out*. Eu tinha terminado o livro na noite anterior, com S dormindo ao meu lado enquanto eu lia. A mensagem final de Demi para o leitor ficou comigo: "Talvez alguma parte desta história seja sua também". *Espero de verdade que não seja*, pensei. Mas ela estava certa, mesmo que não tivesse como saber a que ponto alguns aspectos da vida dela se pareciam com a minha – a maneira como ela usava o corpo para ter sucesso, por exemplo.

Agora, eu examinava o retrato dela em preto e branco na capa, me sentindo incomodada comigo mesma. Eu julgava Demi antes de ler o livro. Eu pensava nela como sexy e nada mais. *Você, de todo mundo. Você, que acabou de postar a bunda no Instagram e que tem a audácia de reclamar que o mundo não te leva a sério? Mas que bela hipócrita.* Queria poder ter o meu Instagram badalado, vendendo biquínis e o que mais eu quisesse, e ao mesmo tempo ser respeitada por minhas ideias e minha política e, bem, tudo para além do meu corpo. Pressionei os dedos na testa e fechei os olhos com força. Tudo parecia um erro: minha estadia naquele lugar bizarramente perfeito, os seguidores vendo a minha imagem e julgando-a. *O que me custou este feriado?* Eu estava sendo paga por uma corporação de algum bilionário (*que fez fortuna como mesmo?*) e postando fotos que incentivavam o mundo a ver meu corpo como meu valor primordial. *A culpa é minha.* Meu estômago ficou apertado. *Talvez eu devesse me jogar no mar*, pensei. *Me purificar na chuva e na água salgada.*

Eu nasci um ano depois de Demi estrelar *Ghost*, o filme que a lançou para a fama. Quando comecei a conseguir ler as capas dos tabloides na fila do caixa, a época dela como atriz respeitada já tinha se metamorfoseado em outra coisa, e absorvi a ideia de que ela estava mais interessada na sua vida amorosa do que em atuar. Eu me lembrava dela em *As panteras*, saindo da água de biquíni preto. Sempre pensei nela como uma mulher bonita, claro, mas sem dúvida não como uma pessoa séria. Eu só tinha comprado o livro de Demi por ter lido as memórias da coautora e gostado.

Mandei uma mensagem para minha amiga Jessica. "Merda, até eu internalizei a misoginia." Jessica e eu trocávamos mensagens como essa com frequência. Ela ia entender. Ou talvez não? Jessica já tinha nascido rica, e eu não tinha certeza se ela alguma vez tinha considerado capitalizar sobre o corpo da maneira que eu tinha feito. Mas Jessica havia se casado com um homem muito mais velho e bem-sucedido financeiramente quando ela ainda era muito jovem. *Modelo, influenciadora, atriz ou não, todas as mulheres sabem o que é usar a sexualidade para conseguir segurança de alguma forma*, pensei. De qualquer modo, era madrugada onde ela estava. Resisti à vontade de voltar ao Instagram para dar uma olhada nos meus likes e comentários. Deixei o telefone cair no chão ao lado da cama e me virei para S, minha cabeça latejando.

Mais tarde, o sol apareceu entre as nuvens e descemos para a praia, levando uma sacola cheia de livros e nossos iPhones. Mergulhamos no mar quente e boiamos na água salgada, longe de tudo e de todos em casa. Eu coloquei minhas pernas em volta do tronco de S, sentindo a leveza do meu corpo na água. Nós nos beijamos e nos maravilhamos com os arredores. O céu enorme nos envolveu.

"Estar aqui me faz pensar muito sobre dinheiro", disse S, quando voltamos para as cadeiras de praia e borrifamos protetor solar branco no rosto. Eu dei uma olhada nos outros hóspedes por trás dos meus óculos de sol.

"Gente rica", murmurei quando começamos a especular. Como eles escolhiam onde iam passar as férias? Iam sempre aos mesmos lugares? Os filhos deles também voavam de primeira classe? Quanto afinal aquela viagem custaria? Calculamos o preço dos voos, das bebidas, das refeições.

"Poxa", eu disse. "Essa merda é cara pra caramba."

"É, mas estamos aproveitando isso, fofa. Estamos vivendo como gente podre de rica."

Puxei a aba do chapéu para baixo para fazer sombra na ponta do meu nariz enquanto estendia o braço para pegar minha piña colada.

"Mas estou tirando vantagem do sistema", falei, tomando um grande gole da bebida. Eu senti a doçura correr por entre meus dentes. S fez uma careta.

"O que você quer dizer?", ele perguntou.

Observei que nós não éramos como os outros hóspedes daquele resort. "A gente não ia gastar nosso dinheiro para vir aqui. É caro demais. Essas pessoas poderiam desligar o telefone se quisessem", eu disse. "E o dono da ilha? Ou o conglomerado de hotéis? O dinheiro que estou ganhando aqui é um nada perto dos 400 milhões deles. É insignificante, até risível, perto do patrimônio líquido do cara que é dono disto aqui! Eu sou só um joguete para ajudar nos negócios *deles*. Sou um anúncio, não uma hóspede de férias."

S abriu um sorriso devagar, as rugas ao redor de seus olhos aparecendo. "Fala sério, fofa", disse ele, estendendo um dedo para fazer cócegas debaixo do meu braço. "Você também é uma capitalista, pode admitir."

Eu recuei, levemente irritada. Tomei um gole de piña colada rápido demais e senti meu rosto queimar por dentro com o gelado repentino.

"Estou tentando me dar bem em um sistema capitalista." Belisquei o osso do nariz. "Mas isso não significa que eu *goste* do jogo. Como eu disse, tirei vantagem do sistema." S balançou a cabeça e soltou uma risada, passando mais protetor solar no braço.

Repassei as imagens salvas no meu telefone e mostrei a ele. Ele apertou os olhos para ler em voz alta: "'Foda-se o capitalismo, mas até que esteja fodido, continue comprando aquela bolsa'".

"Se é o que você está dizendo." Ele riu.

Olhei para a minha barriga, arrumando a parte de cima do biquíni. Pelo menos aquela viagem remunerada (ou trabalho, fosse lá como as pessoas quisessem chamá-lo) tinha me dado a oportunidade de promover a minha marca, que fundei, banquei e que agora dirigia só com a ajuda de Kat, que tinha uma porcentagem da empresa. Kat estava no último ano do meu ensino médio quando eu era caloura, e quando me mudei para Nova York, retomamos contato e nos tornamos amigas íntimas. Ela já tinha trabalhado com moda durante anos antes de se juntar a mim. Seu namorado era quase dez anos mais velho que ela, divorciado e tinha dois filhos. Ele administrava um fundo de investimento imobiliário e era dono de várias casas. Quando ele perguntava a Kat sobre os negócios, ela não gostava de responder ou dar números específicos. "É estranho", ela sussurrou para mim, embora ninguém mais estivesse por perto. "Tipo, eu não quero contar nada para ele até que a gente possa impressionar de verdade, sabe? Ele está *metido* nisso. É um dos caras. Eu não **quero ser uma das garotas dirigindo um negócio *fofinho*. Eu quero acabar com todos eles.**"

Eu sabia o que ela queria dizer. Eu também queria ser alguém que homens assim não pudessem desprezar. Embora eu não estivesse nem um pouco interessada em me tornar um tipo *girlboss*, achei que seria estúpido usar meu corpo para promover uma linha de biquíni de algum ricaço em vez da minha própria.

Uma das minhas obras de arte favoritas é de uma mulher chamada Hannah Black. Ela é sobretudo escritora, mas ocasionalmente cria obras políticas, e a que eu adoro é uma gravação de áudio. Você pode ouvi-la on-line – está disponível para todo mundo. A obra toda é composta por cantoras famosas, principalmente negras, cantando sem parar as palavras "meu corpo". Rihanna, Beyoncé, Whitney. Os clipes de dois segundos são reproduzidos em loop: "Meu corpo. Meu corpo! Meu cor-po!".

"Meu corpo!" Cantei em voz alta na minha melhor voz estilo Rihanna, pensando na obra de Hannah Black quando entrava na água, arrumando a parte de baixo do meu biquíni molhado para deixá-lo ainda mais fio dental. Eu me lembrei da imagem de Halle Berry saindo das ondas em *007: Um novo dia para morrer*. Pensei, *Halle Berry era gostosa*, mas ela só conseguiu ganhar um Oscar quando ficou feia, em *A última ceia*. Eu me lembrei do que a minha agente tinha me dito. "Se quiser que as pessoas pensem em você como uma boa atriz, vai precisar ficar feia." Ela tinha dito isso como se fosse óbvio. Senti uma urgência repentina de me cobrir.

Apenas um mês antes, Jessica tinha me mandado uma citação de Halle por DM. "Minha aparência não me poupou de nenhuma dificuldade", ela dizia.

"O engraçado é que no começo isso realmente me deixou irritada pq, oi, é a HALLE BERRY!?", Jessica tinha escrito. "Mas aí comecei a pensar na sua vida e em como eu havia presumido que você tinha tudo o que eu poderia querer por causa da sua aparência. Mas, obviamente, agora sei que isso não é verdade. Não é verdade para mulher nenhuma! Mesmo para a porra da Halle Berry. Como mulher, estou sempre pensando: se pelo menos a minha bunda fosse um pouco mais durinha ou o meu nariz um pouco menor... a minha vida inteira seria diferente se eu me tornasse mais atraente para os homens."

Pq, oi, é a HALLE BERRY, repeti na minha cabeça. Aquela viagem refutava perfeitamente o ponto de vista de Halle? Mas então por que eu me sentia tão desconfortável? O contrato que eu tinha assinado com o hotel espreitava no fundo da minha mente. Eu estava tonta – por causa da bebida ou do sol, eu não tinha certeza.

De volta à minha cadeira, abri o Instagram e vi um novo post de uma atriz novinha. Ela estava usando um vestido de gola alta, com o cabelo castanho cuidadosamente repartido de lado como uma estrela de cinema dos anos 1940, um brinco de diamante na orelha. Ela era linda, essa garota, Rachel. Eu a tinha conhecido havia vários anos, na época em que ela era loira. Nós tínhamos nos conhecido no set para um catálogo de uma grande marca de roupas.

Eu gostei dela de imediato, embora achasse seu jeito um pouco animadinho demais. Trabalho era trabalho para mim, não era diversão, mesmo que a sessão fosse glamorosa, mas ela era cheia de energia e tagarela, e se esforçava para ser simpática com o cliente e as outras modelos. Ela bebia Evian de canudinho enquanto me contava sobre seu padrasto, um homem trinta anos mais velho que a mãe dela e um dos maiores atores da geração dos meus pais. Quando ela foi ao banheiro, o cabeleireiro fez "tsc, tsc", enrolando meu cabelo em um modelador quente e murmurando acidamente, para mim ou talvez para si mesmo: "Mas *é claro* que o papai é famoso". Observei Rachel no reflexo do espelho quando ela voltou, devolvendo meu olhar, os lábios carnudos separados em um sorriso.

Depois eu a vi em uma festa chique de Hollywood. Nós nos sentamos juntas um pouco na beirada da pista de dança, enquanto ela falava como sua carreira de atriz estava desabrochando. "Quer dizer, é uma merda, qualquer um que dê um Google no meu nome, a primeira coisa que vê é o meu peito em uma sessão de fotos de biquíni de quatro anos atrás." Era chocante como Rachel parecia infantil às vezes, propensa a rompantes de animação – o jeito que ela saltitava pela festa perguntando a qualquer um como estava o cabelo dela. Em outros momentos, ela parecia mais velha e mais controlada, nunca perdendo o rebolado em ocasiões mais formais, seu sorriso e sua cadência perfeitamente sincronizados e entregues.

Os olhos dela percorreram a festa enquanto ela continuava, generosa: "Quer dizer, você tem sorte, com toda a sua coisa política, sendo franca e apoiando o Bernie, tudo isso, acho que as pessoas te levam mais a sério".

Ninguém me leva a sério, eu queria sussurrar, mas Rachel já estava de pé e se afastando mais uma vez, gritando e correndo na direção de um convidado que chegava.

Acompanhei a transformação de Rachel ao longo dos anos via Instagram. O vestido de gola alta parecia o auge: nada mais de roupa sexy para ela. *É assim que se é levada a sério?*, eu me perguntei. *Esconder o corpo e se vestir como se fosse encontrar a rainha da Inglaterra? Isso garantiria uma carreira longeva?* Talvez, mas não parecia justo que ela tivesse que passar a usar suéteres e a tingir o cabelo de castanho para ser considerada séria.

Um grupo grande se aproximava pelo lado esquerdo da longa praia branca. Quatro mulheres, todas usando blusas de manga comprida, calças pretas com saias por cima e lenços na cabeça, conversavam entre si, olhando para os pés na areia. Elas caminhavam atrás de um grupo de homens que fumavam e bebiam em copos grandes como o meu; eles estavam sem camisa e de shorts curtos. As mulheres pararam na beira da água e se sentaram uma ao lado da outra na arrebentação, suas roupas instantaneamente pesadas com a água absorvida. O tecido preto se empoçou ao redor delas. Observei suas silhuetas contra a areia brilhante e o amplo céu azul. Elas estavam de costas para mim, gesticulando umas para as outras, e só de vez em quando olhavam para os homens, que agora estavam no bar. Eu me perguntei do que elas estariam falando, ali onde a terra encontrava o mar.

Atualizei o meu post. "Um milhão de curtidas e aumentando." Eu me virei para S com um sorriso bobo.

Ele riu e balançou a cabeça, depois voltou ao livro de ficção científica.

De volta ao meu telefone, eu me concentrei na imagem do meu corpo, as quatro mulheres fora de foco na minha visão periférica. Desci a tela para ler o comentário mais recente: "Homens gostam de mistério, pare de mostrar seu corpo e talvez alguém comece a te ouvir".

Saí rápido do Instagram e pensei em ler o livro que tinha levado comigo, mas abri o aplicativo de notícias em vez disso. Uma manchete sobre Kim Kardashian chamou minha atenção: "Por que Kim está se vestindo menos sexy?". Olhei por sobre o meu iPhone para ver como estavam as quatro mulheres muçulmanas. *Ainda lá*, pensei. Tomei outro gole de piña colada e borrifei protetor solar nas pernas, sentindo as têmporas latejarem. Aquela maldita dor de cabeça não ia embora.

Na minha tela, Kim estava dizendo: "Eu também pensei, tipo, tá, estou aqui na Casa Branca e depois no dia seguinte eu estava postando uma selfie doida de biquíni. E eu fiquei pensando, espero que eles não vejam isso, tenho que voltar lá na semana que vem". Kim falou sobre seu trabalho na reforma da justiça, como ela tinha percebido que ser sexualizada não estava ajudando sua causa. "Meu marido disse que às vezes ser sexy demais é só um tiro no pé." Agora meu rosto estava começando a doer. Certa vez, ouvi dizer que as dores de cabeça se devem ao cérebro inchando e pressionando o crânio. Parecia exatamente isso.

Abri bem os braços e as pernas, fechei os olhos e disse a mim mesma para relaxar. *Dinheiro significa poder*, pensei. *E é capitalizando sobre a minha sexualidade que eu consigo dinheiro. Todo o maldito sistema é corrupto e qualquer um que participe é tão culpado quanto eu. O que é que vou fazer? Viver fora da rede? Tenho que ganhar a vida de alguma forma. Além do mais, tenho essa merda de viagem que a maioria das pessoas não poderia pagar, nem que economizasse durante anos. É absurdamente cara e eu nem sequer estou pagando. Então seja grata.*

Mas eu tinha poder? As mulheres da praia com lenço na cabeça tinham? Halle Berry teve mais poder saindo da água como a garota do James Bond ou quando tirou a maquiagem e ficou feia no filme que lhe rendeu o Oscar? E minha amiga atriz novinha tinha mais poder agora que estava usando gola alta e brincos de diamante de bom gosto? Kim teve mais poder indo à Casa Branca de terninho ou quando capitalizou com o lançamento da sua famigerada sex tape, aquela que a tornou mundialmente a mulher mais procurada no Google? Alguém teria se importado com a luta de Kim pela reforma da justiça se ela não tivesse uma sex tape? E por que tudo o que essas mulheres faziam, o que vestiam e o que postavam parecia tão reativo? Como se estivessem se adaptando e jogando o jogo de outra pessoa, com as regras de outra pessoa?

"Meu cor-po", eu disse em voz alta, estudando a pele brilhante dos meus quadris. O mar inteiro se estendia à minha frente, e mesmo assim eu me sentia presa. Meu corpo.

K-Spa

Koreatown está espremida bem no meio de diversos outros bairros: West Hollywood, Silver Lake, Mid-Wilshire e Downtown. A clientela dos spas de K-Town reflete a mistura que é Los Angeles. Espanhol, coreano, inglês, russo — as mulheres falam suas línguas em voz baixa, prestando atenção à altura da voz. Ninguém usa joias dentro dos spas e, com a entrada de apenas trinta dólares, é difícil dizer quem é rico e quem não é.

Há mulheres com grandes próteses de silicone com um caimento estranho sob a pele; há mulheres sem seios. Há mulheres com cicatrizes de cirurgias plásticas, mulheres que parecem ter sofrido queimaduras, mulheres com cicatrizes roxas desbotadas de cesarianas acima dos pelos pubianos, mulheres despidas pela menopausa. Algumas mulheres vão acompanhadas por outras, mas a maioria está sozinha e é reservada. Elas deixam o rosto cair, o canto da boca baixar e as sobrancelhas afundarem. O que no metrô seria chamado de cara de sonsa aqui é apenas cara de relaxamento, sem fingimento ou encenação.

Entender e concordar com as regras do spa é essencial para a experiência. Pode demorar um pouco para internalizar essas regras: entre na ducha antes de usar qualquer uma das piscinas, fique com o cabelo preso, nada de roupas de banho. Nada de telefones. Essas orientações estão afixadas na parede e à vista de todas a partir da entrada, plastificadas para protegê-las do vapor. Mas as regras implícitas são muito mais importantes e vêm apenas com a experiência: não faça contato visual nem olhe diretamente para o corpo das outras pessoas. Este é um lugar onde ninguém é escrutinizado ou avaliado.

É claro, as clientes coreanas são as especialistas; o restante de nós somos apenas alunas. As novatas as observam com o canto dos olhos, imitando seus rituais. Elas são as menos inibidas e as mais focadas. Elas se sentam em baldes de plástico virados de cabeça para baixo sobre o piso de azulejo escorregadio e olham com indiferença para os pequenos espelhos embaçados presos às paredes. Elas esfregam o corpo nu com toalhinhas duras que limam e limam e limam a pele. Lavam o cabelo com um esguicho impressionante de xampu e o escovam violentamente. Às vezes, ficam em silêncio; outras vezes, falam baixo, mas assertivas umas com as outras em coreano. Sejam jovens ou velhas, eu me sinto tímida e juvenil em sua presença. Elas parecem ter um entendimento inerente de como cuidar de si mesmas. Não há frescura envolvida. É o que é: elas limpam o corpo com pragmatismo e propósito.

Nunca fui boa com meu cuidado pessoal. Limpar o corpo não é um hábito que me dá prazer, mas uma concessão às expectativas sociais; sei que ser suja é constrangedor e não feminino. Sempre fico distraída e incomodada no banho, me esquecendo de raspar a parte de trás das panturrilhas ou de enxaguar o cabelo por tempo suficiente. Para mim, o ritual de limpeza sempre foi uma necessidade inconveniente, algo que tenho que fazer para as outras pessoas.

Minha falta de cuidado se estende para além da higiene. Tenho um pavor tão grande de consultas médicas que muitas vezes fico mais perturbada por ter que marcar uma do que por aquilo de que estou padecendo. Dei um jeito de evitar consultas com o dentista durante a maior parte dos meus 20 e poucos anos – sete anos inteiros seguidos sem uma limpeza, que finalmente quebrei aos 27. Não gosto de como eles me fazem sentir culpada por não usar fio dental. Quando eu contava aos meus amigos sobre como fugia do dentista, eles franziam o cenho: "Manter os dentes em bom estado é essencial, Emily!". Eu dava de ombros, me sentindo um pouco envergonhada, um pouco sozinha, um pouco estranha.

Só que eu também costumo acordar no meio da noite preocupada com o estado dos meus dentes. Quero estar saudável e viva, mas odeio a inevitável pergunta "Há quanto tempo você não faz uma limpeza?", que em geral vem de um estranho, muito provavelmente do sexo masculino. Não quero ouvi-lo dizer, *Você realmente deveria cuidar melhor de si mesma*. Quero ser a única no controle do meu corpo, mesmo que isso signifique negar cuidados a ele.

Por muito tempo, não achei que meu corpo fosse digno da atenção que seria necessária para mantê-lo saudável. Eu esperava que meu corpo funcionasse, mas tendia a ignorá-lo, mesmo quando ele chamava minha atenção. Quando meu quadril direito doía após horas de viagem de avião, eu não me alongava. "Dor é informação", dizia minha amiga Sara, o tipo de pessoa que faz aulas de ioga às seis da manhã. "Seu corpo está tentando te dizer do que ele precisa."

Mas eu não estava interessada em ouvir. Se eu acordasse com o estômago vazio, oco e ansiando por combustível, jogava café amargo nele, incitando meu corpo a funcionar mais rápido, a se mover mais rápido. Eu esperava para comer até que minha vista ficasse turva, minhas mãos tremessem e eu não pudesse mais aguentar. Eu não estava evitando comida; só não queria que minhas necessidades físicas tivessem prioridade. Não tinha paciência ou tempo para alimentação.

Sou uma só com o meu corpo apenas durante o sexo. Quando meu marido e eu transamos, gosto de me olhar no espelho para ver que sou de verdade. Isso me ajuda a voltar para mim mesma, em vez de flutuar acima de nós, o que de vez em quando acontece. Quando gozo, finalmente me permito existir dentro do meu corpo, mesmo que apenas por alguns segundos.

Meu corpo tem sido essencial para a minha sobrevivência; é a ferramenta que uso para ganhar a vida como modelo. Mas ele não é parte do meu trabalho da mesma forma que o corpo de um atleta ou de um pedreiro, ou das mulheres que trabalham no spa. Aquelas mulheres são fortes. Elas sobem em plataformas e colocam todo o seu peso nas costas de outras mulheres. O meu corpo – ou melhor, a minha aparência – é um enfeite usado para decoração.

No spa, todas entendemos que podemos ver umas às outras, mas não *olhamos*. Estamos confortadas por nossa nudez coletiva. Não estamos ali para atuar. Não precisamos ficar inibidas. Nosso corpo está simplesmente passando por manutenção. Quando estou ali, sou anônima, apenas mais um corpo.

Nunca fico constrangida por estar nua, estou sempre pronta para me despir. "Mas é claro que *você* está! Se eu tivesse o seu corpo, nunca estaria de roupa", as pessoas costumam me dizer.

"Não é tão simples assim", tenho vontade de responder, mas sei que então eu teria que contar a elas sobre como me dissocio quando meu corpo está sendo observado, como sequer reconheço meu corpo como *eu*. "Isso faz algum sentido?", eu perguntaria, e posso vê-las balançando a cabeça: *Não exatamente*. Dissociar deixa tudo mais fácil. De certo modo, me expor demais sempre pareceu a opção mais segura. Tirar a roupa toda para que pareça que ninguém mais pode tirar; não esconder nada, para que ninguém possa usar seus segredos para machucar você.

Como no spa, existem regras implícitas no trabalho de modelo. No set, você logo aprende a trocar de roupa onde quer que a mandem; encontrar um lugar privado faz perder tempo, e tempo é dinheiro. Mas a expectativa de que as modelos se troquem na frente das pessoas também é uma forma de o cliente exercer seu poder. É um teste e um lembrete da sua posição: todo mundo está fazendo seu trabalho, e é hora de você fazer o seu também. O estilista, o assistente dele, o cliente ou editor, as outras modelos e às vezes o fotógrafo vão ficar bem na sua frente e esperar que você tire a roupa. Você entende que seu corpo é um meio para eles realizarem o que estão ali para fazer: produzir uma imagem para vender o que quer que estejam vendendo. Eles estão no comando agora, não você.

Agora passe para cá, parecem dizer. *É pelo seu corpo que você está aqui e nós precisamos dele. Agora.* Você sabe que *eles* nunca se despiriam na frente de dez estranhos, mas isso não é parte do papel deles, não é? A modelo é você. Ninguém tem tempo para a sua hesitação. Você deixa as suas roupas caírem e, em geral, eles não desviam o olhar. Nesses momentos, eu não hesito. Encaro o desafio; quero passar no teste. Quero fazer com que pareça que não há absolutamente nenhuma dinâmica de poder, como se eu estivesse simplesmente fazendo meu trabalho, como se *quisesse* ficar nua quando alguém mandasse. Vou revelar meu corpo o mais natural e rotineiramente quanto faria qualquer outra coisa. *Viu, nada a esconder aqui*, tenho vontade de dizer enquanto estou tirando o vestido e ficando nua na frente deles. "Não tenho medo dos seus olhos." Eu olho para o meu corpo e é como se não fosse meu. Parece *alguma coisa*, mas não *eu*. Eles podem olhar para mim o quanto quiserem, porque estão certos; meu corpo *é* só uma ferramenta.

No meu primeiro grande ensaio de moda, fotografado por Bruce Weber, troquei de roupa ao lado de Karlie Kloss em um trailer gelado. Uma estilista e a assistente nos ajudavam. Quando comecei a me despir, me lembrei do entusiasmo da minha agente quando me contou sobre o trabalho fechado por telefone na semana anterior ao ensaio.

"Isso é enorme!" Eu podia sentir que ela estava radiante. "Bruce Weber! Karlie Kloss!"

"Mas vou ficar ridícula ao lado dela", eu disse, olhando para a pia do meu banheiro, que não era maior que a de um avião. Abri a torneira e me olhei no espelho. "Ela é muito mais alta do que eu." Senti que tinha que lembrar minha agente da nossa diferença de altura de quase dezoito centímetros. Ela teria considerado isso? Alguma parte de mim esperava que ela parasse e dissesse: *Ah, você tem razão. Vou cancelar.*

Quando cheguei de salto alto na fazenda de Bruce em Montauk, o dia ainda não tinha amanhecido de todo. A névoa envolvia o trailer e as mesas do bufê. Eu me senti boba me servindo de café preto em um copo de papel, tentando me equilibrar enquanto meus saltos afundavam na grama úmida, mas não liguei. Eu estava comprometida. Já tinha decidido que preferia parecer uma idiota a deixar alguém com a impressão de que eu não era o corpo certo para o trabalho. Eu queria provar que pertencia, que podia me manter à altura.

Enquanto me trocava dentro do trailer, peguei meu café, agora frio. Minha pele foi ficando toda arrepiada enquanto eu ficava ali parada sem roupa. Olhei para baixo, para os meus quadris e as minhas pernas, e entreguei minhas roupas para a estilista. Ela olhou meu corpo de cima a baixo. Murchei a barriga.

"Agora estou entendendo", disse ela. "Você é *tão* pequena. É como a Kate Moss, mas com peitos." Eu sorri. A ferramenta que eu tinha levado comigo era a certa.

Fui aos spas em K-Town por recomendação da minha agente na época, Natalie, no mesmo ano daquele ensaio. Natalie era loira, tinha cabelo curto e pele lisa, tão brilhante que parecia de porcelana. Sua expressão estava sempre neutra. Sua abordagem sem disparates quanto ao trabalho a tornava uma agente poderosa, às vezes até militante. Ela era uma figura autoritária para as "garotas" que representava.

A filosofia de Natalie em relação a conversar com as garotas sobre o corpo delas era a de que era melhor ser direta. Ela acreditava que o corpo de uma modelo é uma parte essencial do trabalho e não adianta ser sensível demais em relação à realidade do trabalho.

Quando comecei a ganhar bastante dinheiro como modelo, a agência e Natalie prestaram mais atenção em mim. Na primeira vez que ela me convidou para jantar, fiquei convencida de que eu estava com problemas. Por que outro motivo minha agente me levaria para jantar? Achei que ela queria discutir meu peso ou alguma outra questão imprevista com o meu corpo.

Usei um vestido comprido marrom-claro transparente para conhecer Natalie e outro agente da Ford Models. Coloquei um cinto fino, o mais apertado que aguentei, em torno da cintura – fazendo dois novos furos no couro falso com uma caneta e prendendo-o de forma que afundasse em minha carne quando eu expirava. Queria que Natalie pudesse ver, de imediato, como minha cintura era fina.

Parei na frente do restaurante em West Hollywood com meu Nissan coberto de poeira, com uma calota faltando e pilhas de roupas no banco de trás das vezes que me troquei para trajes mais adequados para as sessões de fotos, e tentei parecer adulta e graciosa. Natalie e seu colega estavam sentados do lado de fora, ambos no mesmo lado de uma mesa forrada com uma toalha imaculadamente branca. Eles acenaram enquanto eu me aprumava e me aproximava deles. Tudo no restaurante era adorável – do modo como imaginei que uma mulher mais velha elegante usaria a palavra – e caro. Pensei em meu carro bagunçado cheio de copos de café usados e me perguntei se minha aparência estava boa. Quando os cumprimentei, Natalie ergueu os cantos da boca em um sorriso, algo que eu nunca a tinha visto fazer antes. Fiquei surpresa de ver como o rosto dela podia ser acolhedor. Comecei a relaxar.

Durante o jantar, Natalie não mencionou nada sobre o meu corpo, e eu, apesar de ser menor de idade e estar dirigindo, bebi três taças do vinho branco mais seco e delicioso que já tinha provado. Falamos sobre Los Angeles e os clientes de que não gostávamos e os clientes que amávamos. Eu nunca tinha ido a um jantar para "conhecer melhor" pessoas com quem trabalhava. Foi naquela noite que Natalie mencionou o spa coreano.

"Você devia ir!", ela me disse, os olhos azuis brilhando abaixo da franja loira. "Você vai amar. É o paraíso. E nadinha caro", acrescentou ela, como se fôssemos amigas trocando dicas de beleza. Eu sorri e assenti. Mais tarde, quando cheguei em casa e tirei a roupa, vi que estava com vergões vermelhos enfeitando minha cintura onde o cinto havia cortado minha carne.

Abro os olhos na hidromassagem e saio, sentindo a sola dos meus pés molhados enrugada no chão de concreto. Minha pele está úmida e fumegante. Não estou usando nada além de uma pulseira de plástico elástica com uma etiqueta de plástico presa a ela, "23". É a chave do meu armário e também o número que as mulheres chamam quando estão prontas para que eu vá até elas. Então, depois de terminar a esfoliação e a massagem, elas vão usar a pulseira elástica para prender meu cabelo recém-lavado de modo que não caia no meu rosto.

"Vinte e três", grita uma coreana mignon de meia-idade. Os olhos dela pairam sobre as várias piscinas até que ela me vê. Eu me levanto obediente e enrolo uma toalha úmida em volta do corpo. Ela espera que eu chegue ao seu lado e acena com a cabeça sem realmente olhar para mim. "Olá", ela diz, então se vira para passar por uma porta de vidro embaçada. Eu a sigo.

A área de esfoliação corporal e massagem é alinhada com fileiras de plataformas retangulares de metal. Elas têm a altura do meu quadril e pouco mais de um metro e oitenta de comprimento. Duas mulheres negras estão deitadas em plataformas adjacentes, com as toalhinhas dispostas sobre os olhos. As mulheres que as estão esfoliando se movem em torno do corpo delas ativamente, estendendo os braços, esfregando suas coxas e seus glúteos enquanto conversam em coreano. As clientes estão caladas e imóveis; o corpo delas sacoleja passivamente nas plataformas prateadas.

"Pode deitar", a atendente me diz, batendo um dedo na superfície de metal e estendendo a mão para pegar minha toalha. Eu a passo para ela, minha pele escorregadia das saunas a vapor, e subo na plataforma.

A última vez que eu tinha me deitado em uma superfície desse tipo fora durante minha consulta mais recente à ginecologista. Eu vinha sangrando durante o sexo, só depois do orgasmo, sempre uma semana antes da minha menstruação. Da última vez que aconteceu, saí de cima do meu marido e corri em pânico para o banheiro. "O que há de errado comigo?", perguntei, com lágrimas escorrendo pelo rosto enquanto inspecionava meu sangue num pedaço de papel higiênico.

No consultório da ginecologista, eu me sentei enquanto ela me fazia perguntas sobre o meu corpo. Respondi sem rodeios, percebendo uma única gota de suor escorrendo pelas minhas costelas sob o avental de papel que eu tinha amarrado atrás do pescoço. "Com que frequência isso acontece? Você teve mais de um parceiro nos últimos meses? Você usa proteção?" Ela disparava pergunta após pergunta sem tirar os olhos do tablet.

"Isso é, hum, normal? Tipo, isso acontece com muita gente que vem aqui?", eu disse, tentando fazer com que ela me olhasse nos olhos.

"Não é inédito", ela respondeu, finalmente colocando o iPad na mesa. "Vamos dar uma olhada."

Deitei a cabeça para trás e senti minhas mãos tremerem. "Pode escorregar para mais perto da borda?", ela perguntou. Eu obedeci, descendo a bunda despida até o fim da plataforma.

"Pronto." Ela estava concentrada, eu percebi. "Perfeito. Agora vai sentir algo frio. Pode ser desconfortável. Por favor, me avise se sentir alguma dor."

Senti o espéculo deslizar entre minhas pernas e, depois, dentro de mim, enquanto eu apertava os dedos dos pés descalços nos estribos de metal. Tentei me lembrar de respirar. Eu conseguia sentir a textura das minhas paredes internas contra as laterais anormalmente lisas do instrumento.

"Ahh", fiz um som ao exalar, tentando instruir meu corpo a se destravar, mas tudo ficou mais atravancado em vez disso.

"Está doendo?", a ginecologista perguntou, erguendo o tronco. Inclinei a cabeça para a frente. O rosto dela estava perfeitamente enquadrado entre os meus joelhos. Neguei com a cabeça.

"Procure relaxar", disse ela. "É normal sentir desconforto, mas não deve haver nenhuma dor." De repente, fiquei envergonhada com a minha aparente falta de controle. Por que meu corpo não conseguia fazer o que ela estava pedindo, o que eu queria que ele fizesse? Sorri debilmente para ela.

"Isso sempre acontece." Parei por um instante e depois continuei para tranquilizá-la: "Mas não está doendo". Dava para dizer que ela não tinha certeza se acreditava em mim ou não, que ela duvidava de que eu pudesse informar de maneira confiável sobre meu próprio corpo. "Não acho que é dor", lancei, e ela concordou com a cabeça, em silêncio.

Quando contei a Sara sobre essa experiência, ela me olhou como quem sabe do que estou falando antes mesmo de eu terminar e me interrompeu. "Vítimas de abuso sexual ficam travadas no ginecologista. É, tipo, uma coisa que todo mundo sabe." Ergui as sobrancelhas.

"Interessante", eu disse, mas o motivo pelo qual não consigo relaxar no consultório médico não é abuso sexual, ou pelo menos não exatamente. Por um segundo, desejei poder mentir para Sara e indicar um evento específico no meu passado que explicasse facilmente o fato de meu corpo se trancar. Sei que um espéculo dentro de mim me lembra de violações sexuais por que passei, é claro, mas também odeio a ginecologista porque não sou eu que estou segurando o instrumento, me abrindo. Odeio que esperem que eu confie em alguém além de mim mesma. Odeio ser olhada tão intimamente. Odeio ser avaliada.

Quando engravidei e comecei a pesar os prós e os contras de fazer o parto em casa ou em um hospital, fiz uma lista dos meus maiores receios em cada situação. Escrevi "dor" e "hemorragia" no parto em casa, e no hospital acrescentei "médicos e enfermeiras". Foi só então que me dei conta de a que ponto eu tinha passado a desconfiar de pessoas em posições de poder que, muitas vezes sem meus melhores interesses em mente e sem o meu consentimento explícito, tinham feito parecer que meu corpo não era meu.

Embora as funcionárias do spa coreano sejam impositivas, elas não inspecionam nem avaliam você. Os termos do serviço e a interação delas com o seu corpo foram previamente acordados. Todas elas são mulheres. Elas usam apenas algumas roupas íntimas pretas que as mantêm frescas e secas. Há uma solidariedade em seus poucos trajes que me faz sentir segura, como se estivéssemos todas do mesmo lado.

"Rosto para cima", a minúscula atendente me diz. Uma toalhinha cai sobre meus olhos.

"Obrigada", murmuro, mas ela me ignora, já ocupada em colocar água quente em um balde. *Splash*. A água atinge meu corpo e escorre enquanto estremeço de prazer.

Aqui no spa, não estou pensando em limpeza ou no meu interior ou a quem pertenço. Só estou aqui, uma das muitas mulheres desenroladas e despidas. Nunca tinha sentido esse tipo de sossego em nenhuma outra área da minha vida. Permito que meu corpo destrave. Eu me permito relaxar. Não há correias, saltos altos ou estribos. Não há pessoas me olhando.

A esfoliação e a massagem acontecem sempre assim:

1. Você se deita de costas, depois de lado, depois do outro lado e depois de barriga para baixo. A atendente esfrega uma toalhinha grossa e fibrosa na sua pele. A sensação fica em algum lugar entre dor e cócegas. À medida que você vai se virando e se ajeitando de acordo com as instruções da atendente que está fazendo a esfoliação, pode espiar por debaixo da toalha e ver a pele morta caída em rolos cinzentos ao seu lado na plataforma de metal. Algumas pessoas ficam incomodadas com isso, mas eu não me importo. Encaro como um sinal de progresso. A atendente esfrega seus cotovelos, seus tornozelos, suas axilas, seus seios, entre as suas nádegas e atrás das suas orelhas, lugares em que você talvez não imaginasse possível, com a mesma atenção e o mesmo desinteresse. *Splash*.
2. Em seguida, você é coberta com um sabonete que cheira a química. As bolhas se multiplicam em sua pele esfoliada e você sente que renasceu. Ou apenas se sente como um peixe. *Splash*.
3. A atendente bate em suas costas duas vezes, firme, com os punhos. Você se senta e ela te diz para estender as mãos. "Vá lavar", diz ela, esguichando esfoliante facial na sua mão. Quando estiver na ducha, certifique-se de lavar bem o rosto,

já que essa é a sua única responsabilidade, e você quer ser útil. Você fecha a torneira e se seca com precisão.
4. Quando voltar da ducha, vai ver toalhas penduradas na plataforma de metal. Agora, a atendente vai bater óleo na sua pele usando acupressão. Ela vai bater na sola dos seus pés com os nós dos dedos e beliscar onde sua cabeça encontra o pescoço com toda a força. Você vai ser sovada, puxada e golpeada. Adoro poder ficar deitada sabendo que ela está fazendo o que faz com todo mundo, e que, ao contrário de outros lugares de massagem, a profissional não pergunta onde está doendo ou onde você quer que ela se concentre mais. Ninguém está indicando um nó em particular ou uma questão específica. Não existe tratamento especial aqui; apenas exatamente esse ritual sem nenhuma variação.
5. Seu cabelo vai ser lavado enquanto você está deitada com uma toalha quente e molhada estendida sobre todo o corpo. Sua atendente vai massagear o xampu em seu couro cabeludo com tanta força que você vai ficar com medo de que sua pele rasgue. Mas ela não vai, e logo você vai sentir o fluxo de sangue nas têmporas. Seu cabelo vai ser penteado com determinação e sem clemência. Acho que essa é minha parte favorita.

Lamento voltar à luz branca do vestiário e às mulheres colocando as roupas e se preparando para retomar a vida. Não me agrada prender meu sutiã de novo nas minhas costas e passar uma camiseta pela cabeça. Enquanto me visto, meu corpo logo esquece como era estar nua e não ser observada. As mulheres no vestiário sabem manter os olhos baixos e não voltar o olhar para o corpo umas das outras, para não acabar com o encanto. Eu nunca fui reconhecida no spa, ou pelo menos ninguém demonstrou que tinha me reconhecido. Coloco o tênis sem meia, sufocando meus pés, e ando de um jeito diferente assim que os calço. Verifico meu celular e respondo a e-mails enquanto subo, subo, subo até o térreo e o estacionamento. Coloco um ticket de estacionamento validado em uma máquina e começo a dirigir, saindo do estacionamento em Wilshire com a janela aberta, mas o rádio desligado. Uma sensação de perda me domina enquanto saio. O silêncio parece certo.

Paro antes de virar à esquerda e entrar no trânsito, percebendo uma caminhonete na minha visão periférica, que está bloqueando a curva. Afundo no banco e espero, mas ela não se move. Por fim olho para o motorista e noto que a janela dele também está abaixada. Ele acena.

"Ei", diz ele. O motorista tem alguns dentes de cima faltando. "Posso pegar o seu telefone?"

Eu balanço a cabeça, então saio do estacionamento, usando as duas mãos para girar o volante e contornar a caçamba da caminhonete dele. Reviro os olhos, entretanto não consigo deixar de olhar no retrovisor e observar meu rosto, polido e sem maquiagem. *Acredito que ele achou que eu estava bonita*, eu penso. Sorrio um pouco mesmo sem querer. Percebo que meus lábios estão pálidos. Enquanto dirijo para casa, reviro a minha bolsa e passo um pouco de batom.

O embrulhinho

Meu pai construiu a casa em que eu cresci. Recolhida nos subúrbios em expansão de North County, San Diego, em uma rua que não teve pavimentação durante a maior parte da minha infância, a casa fica no alto de uma pequena colina com uma vista aberta para a estrada. Se por acaso meu pai estiver no caminho de acesso à garagem pegando o jornal ou voltando de uma caminhada, as pessoas que estiverem passando de carro por ali vão abrir a janela e gritar: "Sua casa é maravilhosa! Parece que saiu de um conto de fadas!".

A casa é pequena, não tem mais do que 75 metros quadrados, é pintada de verde-escuro e coberta de hera, com as guarnições das janelas e das portas brancas. Parece ter brotado naturalmente do quintal onde crescem eucaliptos, pinheiros e nossas antigas árvores de Natal, algumas com mais de seis metros. Plantas diferentonas em vasos e cactos estão posicionados como guardas na porta de entrada. A casa é um organismo mágico, um lugar para absorver e pelo qual ser absorvido.

O esforço e a consideração empregados em cada pequeno detalhe são palpáveis: o pigmento dos pisos de madeira dourada, as maçanetas e as lâmpadas que não combinam que meu pai garimpou ao longo dos anos, o encanamento de cobre junto das vigas, exposto – assim como a parte interna do telhado. As paredes que dividem os quartos são incompletas, não chegam até o teto, vão até mais ou menos metade do caminho até ele. Quando há convidados, eles abrem a torneira da pia para ter um pouco de privacidade no banheiro.

Meu pai adora falar sobre a casa e como a construiu. Quando eu era pequena, adorava ouvir, acompanhando-o de cômodo em cômodo enquanto ele contava histórias ligadas às características dela: o espelho de corpo inteiro do meu quarto que ele instalou para a namorada, uma bailarina, antes de conhecer minha mãe; a jarra de cerâmica minúscula na sala de jantar que meu avô encontrou em meio aos escombros de Hiroshima ("Cuidado, é provável que ainda seja radioativa"); o quadro no quarto dos meus pais preso na parede com uma dobradiça que se abria e revelava uma TV escondida ("Eu simplesmente não gosto do formato das TVs"). Os convidados tropeçam nos degraus irregulares que levam das portas duplas ("Elas eram de Jimmy Cagney") até a entrada do ateliê do meu pai. "Sabe", minha mãe diz, em parte constrangida, em parte orgulhosa, "é uma casa de artista."

Meu pai e a casa tinham uma ligação. Ele era o arquiteto, o zelador, o historiador, o autor do conto de fadas. Minha mãe e eu também morávamos lá, mas sem dúvida a casa era dele.

Em muitos dias, quando eu ainda era criança, a casa parecia gloriosa; ela era preenchida com a empolgação do meu pai com uma nova pintura em que ele estava trabalhando ou com a alegria da minha mãe preparando tudo para a visita de amigos. Os dois gostavam de cuidar da casa, e em momentos como aquele ela florescia, brilhava. A luz do sol aparecia em lugares geralmente tomados pela sombra. Meus pais flertavam, fazendo alusão a cenas de filmes de Woody Allen que ambos adoravam e contando histórias de como era viver na Polônia comunista quando minha mãe estava dando aula lá com uma bolsa da Fulbright. No início da noite, eles tomavam vinho enquanto meu pai colocava The Band e Van Morrison para tocar alto. Nessas noites, muitas vezes eu acordava com o som ritmado dos meus pais fazendo sexo.

Com mais frequência, acordava com o barulho deles discutindo. Meu pai batia a porta da frente com tanta força que a casa inteira tremia. Os quartos (se é que dava para chamá-los assim) não conseguiam conter a energia dos meus pais, muito menos das brigas deles. Eu era sugada pelas trocas de gritos, ficava no meio deles, às vezes literalmente, enquanto lançavam insultos cortantes e acusações que eu só entendia em parte. Para tentar ter um pouco de privacidade, eu fechava a porta do meu quarto e me abaixava para brincar com amigos imaginários e bichos de pelúcia no chão. Mas eu ainda conseguia sentir as ondas de tensão quebrando sobre mim. Eu afundava como uma pedra caindo no fundo de um aquário, perfeitamente imóvel. Conseguia ouvir os pensamentos dos meus pais mesmo quando a casa estava em silêncio. Quando estava em silêncio, parecia ainda mais barulhenta.

Eu sabia que meus pais tinham reatado e terminado muitas vezes até que minha mãe engravidou de mim e eles decidiram se casar. Entendi que, mesmo antes de eu nascer, minha existência era a cola essencial do relacionamento deles. Depois de cada explosão daquele tipo, que em geral terminava com um deles saindo de casa, o outro se voltava para mim para defender sua causa ou botar suas queixas para fora. Eu ouvia, desempenhando obediente o meu papel, sentindo um enjoo que permaneceria comigo por dias.

Eu me lembro de estar sentada à mesa da cozinha, com um copo de suco à minha frente, enquanto minha mãe organizava impressões de conversas entre meu pai e várias mulheres (ex-alunas, ex-amantes, uma mulher aleatória que ele conhecera em um avião) que ela havia encontrado ao invadir o e-mail dele.

"Ele está passando dos limites?", ela perguntou.

Os limites nunca foram claros entre nós. A casa não ajudava: era um lugar sem fronteiras. Crianças que crescem em famílias como a minha, sozinhas com os pais, sem separação, física ou emocional, se tornam especialistas em um tipo muito particular de visão. Nós aprendemos a enxergar coisas que estão escondidas e coisas que não estão lá de jeito nenhum. Nós nos tornamos particularmente sensíveis aos humores e às emoções dos outros. Somos sagazes e excelentes em nos metamorfosear. Oscilamos entre nos sentir especiais e nos sentir sozinhas. Sentimo-nos ao mesmo tempo capazes de salvar e de destruir as pessoas que amamos.

Algumas noites, eu olhava para a parte inferior do telhado e não conseguia acalmar minha mente agitada para dormir. Eu ficava deitada na cama, inquieta e suada, meus pensamentos a mil. Por fim, eu chamava por sobre a parede atrofiada entre o meu quarto e o dos meus pais, primeiro baixinho e depois cada vez mais alto, ouvindo o som da minha voz viajar ao longo do telhado.

"Mãe... Mãe? Mamãe!"

Eu esperava, irascível e enrodilhada, que ela viesse para a minha cama. "Você está com o embrulhinho?", ela perguntava, enquanto lágrimas quentes escorriam pelo meu rosto. Eu concordava com a cabeça e me agarrava a ela.

O embrulhinho era como eu chamava a ansiedade que sentia na barriga, porque a sensação era parecida com a de ficar com o estômago embrulhado no carro "e um pouco triste", como eu explicava. Nós usávamos o termo com frequência.

Minha mãe tinha suas próprias dificuldades com o embrulhinho, algo que eu sabia desde muito nova. Ela tinha ficado tão mal certa vez que foi para uma clínica. Ela passava e repassava o caso como uma história que contamos na cama **para** dormir. "Eu me internei", ela começava, e eu imaginava a cabeça dela em um travesseiro branco e firme, seu braço bronzeado com uma pulseira de identificação em volta. Imaginava meu pai entrando hesitante, com flores da loja de presentes de que ela não gostaria, enroladas cuidadosamente em um jornal.

"Da cama da clínica, dei nota para todos os trabalhos que tinha passado da clínica e os devolvi para os alunos no prazo." Imaginei a pilha alta de papéis ao lado das pernas dela, em cima do cobertor branco.

"Nós tínhamos medo de que você fosse herdar isso tudo, e estou tão aliviada por não ter acontecido! Minha depressão foi embora quando você nasceu. Só foi embora por sua causa."

Eu me acostumei com a ideia de ser um antídoto para os meus pais. Uma noite, eu devia ter uns quinze anos, minha mãe e eu estávamos conversando na sala de estar. Ela se sentou toda enroscada na poltrona dela, que estava sempre ao lado da do meu pai. Os olhos dela brilhavam enquanto ela embalava uma taça de vinho na mão. Uma luz dourada recaiu sobre seu nariz e sua testa. Ela estava relaxada, dava para notar.

"Seu pai e eu dissemos que se alguma coisa acontecesse com você, a gente se mataria." Ela falou de maneira direta. "Isso seria o fim para a gente, não haveria razão para viver." Ela levantou a taça e tomou um gole.

"Não quero ser a única razão de vocês viverem", eu disse, hesitante, tropeçando nas palavras. Tentei de novo; "Eu não quero ouvir isso".

"Ah, Emily, não era *desse jeito* que eu estava dizendo." Ela estalou a língua no céu da boca. Ainda assim, tive a sensação de que, se eu partisse, se os deixasse – se deixasse a casa –, eu os mataria.

Depois que me mudei de casa, meu pai me disse: "Primeiro era só eu na casa, depois sua mãe, depois você. Depois, nosso primeiro cachorro, depois um gato. Agora você foi embora e os animais estão mortos e enterrados no quintal. Um dia, logo, nós também estaremos mortos, e então vai ser só a casa".

Meu pai sempre fez brincadeiras sobre morrer cedo. "Não vou estar no seu casamento", dizia ele. "Caras grandes são como cachorros grandes! A gente não vive tanto assim." Mas, com o tempo, quando eu já estava com vinte e tantos anos e meus pais chegaram aos sessenta, ficou claro que a saúde dele na verdade era excelente. Minha mãe, por outro lado, estava começando a ter problemas cada vez mais complicados a cada ano. O pai dela ("um cachorro pequeno", meu pai teria dito) viveu até os 103 anos e não teve nenhuma cárie a vida toda. Sempre tínhamos imaginado que os últimos anos da minha mãe seriam bastante parecidos com os dele. Ela era rija e impulsiva, e seu cabelo ainda era vasto e crescia voluptuosamente. No início, os sessenta anos pareciam lhe cair bem, como se ela tivesse chegado à idade que sempre deveria ter tido. Ela parecia uma garota-propaganda dos Anos Dourados: ia terminar o livro que vinha tentando escrever desde que o muro de Berlim terminou de ser destruído, em 1991 (o ano do meu nascimento); ia passar a fazer exercícios e começar a ter novas amigas (mulheres!).

Mas, em vez de longos almoços com essas amigas ou tardes escrevendo em sua escrivaninha, ela foi se preocupando cada vez mais em marcar exames médicos e consultas com especialistas, tentando encontrar modos de lidar com a dor que estava começando a sentir nas costas e nos quadris. Os médicos não perderam tempo em diagnosticar e abrir o corpo da minha mãe: ela colocou três próteses no quadril e fez uma cirurgia no pescoço e outra na coluna em cinco anos. Parecia que cada enfermidade só levava a mais complicações. À medida que sua energia desaparecia e seu ritmo diminuía, ela ia ficando sempre cada vez mais doente, deprimida e confusa.

O primeiro sinal de doença grave apareceu nas mãos da minha mãe, que começaram a ficar dormentes durante o sono. Eu sempre admirei as mãos dela; eram iguais às mãos da minha avó:

de formato elegante e feminino sem serem delicadas. Também tenho uma versão delas. Minha mãe acordava e as encontrava enroladas uma na outra, perto do rosto, os braços trançados juntos sobre o peito. Ela estava se fechando como uma flor em um vídeo em *time-lapse*, desmoronando em um ritmo não natural.

Em seguida vieram as bolhas, nítidas, escuras e duras. Elas apareciam quando ela usava as mãos: ela abria um frasco e uma bolha furiosa aparecia na parte de dentro de seu polegar. Apertava um botão com muita força e uma bolha surgia na ponta do dedo, roxa e achatada.

Eu costumava acordar no meio da noite, preocupada, e me dedicava à tarefa de tentar diagnosticar a doença da minha mãe. Pesquisava "bolhas nas mãos" e deparava com descrições terríveis no calamitoso WebMD e com imagens assustadoras de velhos com círculos roxos escuros em torno dos olhos.

Depois de anos com minha mãe acumulando sintomas bizarros, para os quais os médicos dela em San Diego ofereciam diagnósticos contraditórios, meus pais e eu resolvemos ir para a clínica Mayo em Rochester, Minnesota, para ver se alguém conseguia descobrir o que havia de errado com ela. Meus pais foram de avião da Califórnia e eu de Nova York, onde estava morando na época. Minha mãe tinha reservado um quarto com duas camas de casal, na esperança de que eu o dividisse com eles, mas insisti em ter um quarto só para mim na véspera da minha chegada. Nós nos encontramos bem cedinho no saguão do hotel, onde comemos um bolo de banana seco embrulhado em celofane.

Naquele primeiro dia, meus pais circularam pela clínica atordoados, desnorteados com a escala da operação. Minha mãe carregava pastas cheias de resultados de exames e impressões de páginas da Wikipédia e listas de perguntas enfiadas em uma grande bolsa de lona que fazia seu corpo pequeno parecer ainda menor. Eu ficava um pouco à frente, segurando nossa programação e guiando meus pais até o elevador correto, para nos levar ao andar correto, para a ala correta e assim por diante. A distração proporcionada pelo papel de gerente me caiu bem.

Enquanto caminhávamos pelo hospital, minha mãe gritou: "Ems! Lembra da feira anual?". Olhei para trás e concordei com a cabeça.

Era junho e eu tinha seis anos quando meus pais me levaram à enorme feira anual de San Diego. Quando a noite caiu, depois de uma tarde passando a mão em animais de fazenda e andando na roda-gigante, eles decidiram que era hora de ir embora, mas não conseguiam encontrar a saída. Eu me lembrei do pânico que senti ao ver a silhueta do meu pai no escuro quando ele começou a subir uma cerca de arame que dava para um santuário de pássaros grande e pantanoso. Eu gritei, minha voz confiante e segura, "Não, pai! Por aí não" antes de guiá-los de volta rumo às luzes coloridas, por sobre uma ponte, passando pelos brinquedos e pelas barracas de comida, até o estacionamento, onde por fim localizei o carro. "Você sempre foi tão boa em orientar seus pais incorrigíveis", disse minha mãe, rindo agradecida.

No nosso terceiro dia de consultas e várias noites de inquietude, apesar de me esforçar ao máximo para permanecer ocupada no papel de organizadora, comecei a sentir o embrulhinho me consumindo. Quando chegamos ao consultório do especialista seguinte, eu sabia que estávamos nos aproximando de alguma revelação. Entrei em pânico, sentindo que estava começando a perder a compostura que tinha mantido desde que o avião pousara. Eu queria respostas, então por que sentia como se estivesse prestes a derreter no piso de linóleo bege?

Eu me sentei com cuidado em uma cadeira, tentando respirar mais devagar. Fiquei aliviada ao ver que ninguém parecia ter notado que eu estava desabando. Meu pai se sentou ao meu lado com as mãos juntas entre os joelhos, o rosto voltado para a frente, e minha mãe estava empoleirada na mesa de exame. Esperando ali, ela parecia uma criança, a postura ereta e os pés balançando e girando juntos. Eu queria abraçá-la.

Quando o jovem médico inclinou a cabeça da minha mãe para trás e direcionou uma luz para suas pálpebras fechadas, a sala parecia ter se lançado toda sobre mim. Lá estavam eles: os círculos amarelos e roxos que eu tinha visto nas imagens do Google, descritos on-line como "olhos de guaxinim".

"Você não passou sombra nos olhos, passou, Kathy?", ele perguntou.

"Sombra não, só rímel", disse ela, resoluta, como uma criança corajosa e honesta confessando alguma coisa para um adulto. Engoli um soluço, imaginando minha mãe passando rímel no escuro do quarto do hotel, em uma tentativa de ficar apresentável antes de um dia cheio de consultas médicas.

Agora minha mãe estava deitada na mesa, de olhos fechados, uma rainha em seu túmulo. As mãos cruzadas sobre o abdômen. *Foi ali que eu fiquei*, pensei. Vinte e sete anos antes, seu corpo era forte o suficiente para me carregar dentro dele. Um holofote branco iluminou o rosto dela quando o médico começou a cortar sua pálpebra para fazer uma biópsia. Abafei um gemido no meu braço, mas sabia que ainda dava para ela me ouvir. Meu pai evitou meus olhos enquanto as lágrimas escorriam pelo meu rosto. Quando o médico desligou o holofote, me esgueirei para o corredor estreito antes dos meus pais e solucei, me sentindo particularmente sozinha.

Depois que voltamos para o quarto de hotel, meu pai afundou em uma das camas e ficou concentrado rolando a tela do telefone. Minha mãe ficou em posição fetal na outra cama, de costas para ele.

"A amiloidose", li em voz alta do meu telefone, "ocorre quando uma proteína anormal se acumula nos órgãos por meio do sangue e interfere no seu funcionamento normal." Continuei lendo em silêncio. *Muitos tipos de amiloidose levam à falência de órgãos, acarretando risco de morte. O tratamento pode ajudar, mas essa doença não tem cura.*

Eu me deitei ao lado da minha mãe e comecei a ler depoimentos positivos sobre o tratamento, para lhe dar esperança, e sobre casos extremos, para mostrar que a situação poderia ser muito pior. Nós tínhamos tido sorte de a proteína ter ido para as mãos dela em vez de para o coração ou para os rins, observei. Ela colocou a mão no meu braço, ouvindo atentamente e me observando. "Ah, nossa. Bem, acho que então estou grata por agora saber o que é", disse ela. Por fim, minha mãe adormeceu, com a boca aberta e a respiração estável. Coloquei o telefone de lado e estudei seu rosto, seus traços delicados texturizados com rugas finas e as ocasionais e sutis manchas de sol marrons. O cabelo grisalho vasto, tão macio, emoldurava seu rosto. Tirei uma mecha de sua testa e pensei em como ela ficava quando chorava, como sua testa franzia e levantava, e como seu queixo tremia como o de uma criança contrariada. Algo no rosto dela sempre manteve uma ingenuidade terna.

Eu me virei e me deitei de costas, ouvindo sua respiração ao meu lado. Meu pai também tinha caído no sono na outra cama. As paredes do quarto do hotel inspiravam e expiravam junto com eles, e eu caí na semiconsciência. Pensei naquilo em que minha mãe acreditava, que os lugares guardam memórias, que as paredes assumem significado, que as casas se tornam parte de nós, assim como as pessoas. Eu a imaginei, jovem e forte, em todos os cômodos por que tinha passado. Eu me perguntei se quanto mais eu me tornasse uma mulher e quanto mais espaço eu ocupasse longe dela, mais ela definharia. Dormimos.

Quando meu pai foi conhecer a casa que eu tinha comprado em Los Angeles, aquela com bastante iluminação, ele riu. "É tão parecida com a nossa! Tem até algumas das mesmas árvores! Olha só as vigas de madeira!" Olhei em volta com uma nova perspectiva, chocada com sua observação exata. *Mesmo assim*, pensei, *a minha casa tem paredes que vão até o teto.*

S foi comigo para Los Angeles na semana em que minha mãe começou a fazer quimioterapia. Eu tinha comprado a casa poucos meses depois de nos casarmos, mas ainda não tínhamos passado muito tempo ali juntos, porque eu estava viajando a trabalho e S estava na Costa Leste. Na chegada, encontramos um ninho de beija-flor bem em cima da porta da frente, enrolado em um delicado pedaço de hera. Nós nos abraçamos e sorrimos: era um sinal. Os pássaros eram uma bênção para a nossa casa, a nossa união. Que brilhante e mágico eles terem escolhido se abrigar em cima do batente da nossa porta!

S tinha voltado para Nova York para trabalhar quando encontrei um dos filhotes nos degraus da frente, caído do ninho, mas vivo. Eu podia sentir a fragilidade dele só de olhar, o oco de seus ossos, a maciez de suas plumas. Tive certeza de que sua queda tinha sido um erro, um pequeno mal-entendido por parte do universo. Eu cuidadosamente – com uma grande folha, nunca tocando nele diretamente – coloquei o bebê de volta no ninho.

No dia seguinte, vi uma forma escura nos degraus brancos do nosso terraço. Coloquei o sentimento de impotência de lado e sem nenhuma delicadeza coloquei o corpinho de volta no lugar ao lado do irmão que grasnava – uma, duas, três vezes. Isso passou a fazer parte da minha rotina na casa: lavar a louça, levar o lixo para fora, olhar a caixa de correio, salvar o bebê beija-flor.

Poucos dias depois, encontrei a minúscula carcaça do beija-flor coberta de formigas. Usei um pedaço de uma correspondência para varrê-la da escada e colocá-la em meio às plantas do jardim.

"Não consegui salvá-lo", disse a S ao telefone. "Acho que não sou uma salvadora."

Quando a quimioterapia da minha mãe começou, visitei a casa dos meus pais algumas vezes, voltando para Los Angeles para dormir na minha cama depois de cada viagem. Nos dias em que eu não estava lá, minha mãe ligava e, com uma voz que parecia mais com a da *mãe dela* do que com a sua própria, dizia como estava se sentindo. Ela me contou sobre uma amiga que tinha sobrevivido ao câncer de mama: "As filhas dela voltaram para casa para ficar com ela", disse. Eu a imaginei em sua poltrona na sala de estar e o salpicado da luz do sol entrando pela janela atrás dela.

Eu não estava trabalhando em nada que exigisse que eu ficasse na Costa Leste, e estar em Los Angeles, a duas horas da casa da minha mãe de carro, parecia o melhor meio-termo entre o que eu sabia que ela queria, que era que eu voltasse para a casa deles como cuidadora, e o que eu queria, mas tinha vergonha demais de admitir até para mim mesma, que era conseguir estar no outro extremo do país em minha nova vida com S. Embora eu tivesse planejado visitá-la com frequência, semanas se passaram, e me peguei ficando longe, com medo do poder que minha mãe me concedia. Fiquei na minha casa nova sozinha, me sentindo presa, indecisa e cheia de culpa, o tempo todo consciente da atração magnética da casa dos meus pais.

Nessas manhãs, eu acordava em nosso colchão gigante e firme e ficava olhando para o nada. Eu podia passar o dia inteiro assim, observando a luz atravessar o quarto até desaparecer. *O embrulhinho*, eu pensava. Eu tinha planos para aquela casa, aquele quarto, e o amor bem fogoso e o café forte e amargo que S e eu íamos dividir. Mas aqueles planos pareciam fora de alcance agora, como se tivessem existido na vida de outra pessoa.

Eu vestia as camisetas grandes e bafientas de S para que pudesse me sentir engolida por ele, cercada por ele, mas elas só me lembravam da minha solidão. S mandava mensagem ou telefonava, porém eu não queria saber do dia dele ou do que estava acontecendo no trabalho dele. Eu terminava nossas ligações amarga, imediatamente arrependida da tensão que tinha criado entre nós. Não me ocorreu que o que eu queria de S era a mesma coisa que minha mãe ansiava de mim: ter alguém vivendo sua dor com ela.

Depois de algumas semanas, me lembrando da versão de mim mesma que tinha guiado com destreza meus pais pela clínica Mayo, decidi tentar me livrar do embrulhinho, trocando os azulejos do box do andar de cima sozinha. O azulejo vinho que os proprietários anteriores tinham deixado para trás parecia sem graça e estranho. Procurei instruções, enchi um carrinho de compras de ferramentas, pensei nos padrões. *É assim que você faz o seu lar*, pensei; *você mesma o constrói*. Discuti com S quando ele disse que eu precisaria de uma ferramenta chamada serra diamantada para fazer isso, e então desisti do plano inteiro.

Eu não sou pedreira. Em vez disso, a casa ficou uma zona. Parei de limpar o pó de café do balcão, parei de tirar as flores mortas dos vasos. Se eu derramava alguma coisa, deixava lá para manchar. As formigas dominaram diversas superfícies da casa. Não restava nenhum cuidado em mim.

Quando minha amiga mais antiga, Barbara — uma verdadeira especialista em cuidado, professora de pré-escola — veio me visitar, ela abriu a água da banheira naquele banheiro sombrio e despejou um saco de sulfato de magnésio dentro. Ela acendeu velas, esfregou superfícies e ficou por perto, mas não perto demais. *Era isso que S deveria estar fazendo*, pensei, indignada. Um momento se passou. *Não, é isso que* eu *devia estar fazendo.*

Por insistência de Barbara, fomos ver a minha mãe. "Se isso vai te trazer algum tipo de paz, por que não?", disse ela. Eu dirigi rápido. Quando chegamos lá, minha mãe não saiu do sofá branco. O relógio de pêndulo repicou junto da parede e as várias folhagens do gramado da frente mudaram de forma lá fora. A pele dela estava macia e delicada quando rocei minha bochecha na dela. Eu poderia dizer que ela não estava feliz por eu não ter ido sozinha. Ela disse que queria ficar dentro de casa, longe do sol, então mantivemos as portas fechadas. Eu me sentei na poltrona da minha mãe na sala de estar e deixei meus pés ficarem frios em contato com o ladrilho branco.

Barbara conduziu a conversa. Perguntou sobre o tratamento da minha mãe antes de falar da própria vida e da família. Minha mãe ficou esgotada bem rápido. "A quimio", disse ela. "Meninas, estou tão cansada." Seus olhos foram ficando pesados, a mandíbula frouxa. Saímos quando ela caiu no sono. Liguei para S no caminho para casa, mas eu não tinha palavras.

Naquela noite, Barbara anunciou que íamos assistir a um programa do qual, ela prometeu, eu gostaria de verdade. Enrolou um cobertor em mim, fez chá quente e colocou meus pés no seu colo. Meu rosto estava salgado, inchado e vermelho. Barbara escolheu um episódio. Cinco homens apareceram na tela da TV: eles iam consertar a casa e a vida de outro homem. Meu peito estava quente por causa do chá. A esposa do homem tinha acabado de morrer, ele disse para a câmera. Nós duas sentimos imediatamente: era uma tristeza pesada e determinada, do tipo que estava pairando sobre a casa dos meus pais como uma bolha gigante. Ela estava por toda a casa daquele homem também. Barbara olhou para mim: *merda*.

Eu comecei a rir e não conseguia mais parar.

Já estando no hospital há dezesseis dias, minha mãe só tem desejo de comer batata assada com "os recheios", ela me conta. Eu me vejo em um restaurante chique com S, pedindo apenas uma batata assada. Ele ri de mim. "Boa pedida", diz ele, beijando minha bochecha. Estou devorando a batata quando meu telefone acende, uma mensagem do meu pai: um desenho. Minha mãe está careca nesse retrato, o alto da cabeça dela desenhado com um único e confiante traço. É perfeito, esse semicírculo.

Os esboços dele são representados brutalmente. Sem aviso, eles chegam no meu telefone a qualquer hora do dia já faz mais de um mês. Em um deles, minha mãe está dormindo, a cabeça apoiada num travesseiro, as bochechas inchadas e os olhos, dois buracos escuros. Ela parece morta. Quero dizer a ele para parar de me mandar esses retratos penosos, que eu não consigo lidar com eles, mas não faço isso. Para onde eles vão se eu não estiver aqui para recebê-los?

Meu pai não se comunica muito comigo para além de seus desenhos e textos curtos em *staccato*. Eles são enigmáticos e a pontuação faz com que pareçam facadas. Eu sou o diário dele. Ele conta os dias daquilo que chama de "prisão domiciliar". "Dia 17", ele me manda por mensagem. "Dia 20."

Uma manhã, tento voltar a dormir depois que uma dessas mensagens chega, mas a claridade da luz do sol entra pela janela do meu quarto. Penso na casa em que cresci, nas janelas georgianas e nas vigas expostas em madeira dourada. Os pequenos tesouros de cada canto.

Porta-retratos. Forros de madeira. Paredes brancas. Estantes de livros. Nada de espaço. Sombras legais. Uma imagem surge: estou na sala de estar, no sofá branco, olhando para o gramado muito verde. Um tubo grosso desce por um painel da janela, se ligando à lateral do meu pescoço como uma artéria. Esse é o amor da minha mãe por mim, eu me dou conta.

Quando minha mãe tem alta do hospital, envio uma mensagem para ela com um link para um poema de Marge Piercy, "O corpo de minha mãe". "O mais importante", escrevo, sabendo que ela pode não se sentir disposta a ler o poema inteiro, "é isto."

Carrego você em mim como um embrião
Como você uma vez me carregou.

Mas eu copio versos de outra estrofe nas notas do meu telefone – versos em que não consigo parar de pensar, mas que nunca vou compartilhar com ela:

Para o que é que damos as costas, o que é que tememos?
Achei mesmo que você podia me colocar de volta aí dentro?
Achei que ia me derramar no seu interior como em um forno
De fundição e ser remodelada, que eu me tornaria você?

No dia seguinte à partida de Barbara, acordo cercada por uma luz branca e subo determinada as escadas até o banheiro com os azulejos que herdei. Puxo a cortina do box. Barbara deixou folhas de eucalipto penduradas no chuveiro. Eu inspiro profundamente e abro a água.

Estou decidida a cuidar de mim mesma. Estou decidida a fazer desta a minha nova casa.

A banheira não é funda o suficiente para a água me cobrir inteira, mas meu corpo se encaixa, encasulado na água morna, se eu me deitar na posição certa: de costas, com os joelhos dobrados para um lado. Minha pele está oleosa e quente. Olho para cima, para onde a luz penetra por uma janela estreita e alongada bem acima do chuveiro. Esse não é o azulejo que eu teria escolhido, penso. Mas tudo bem por enquanto.

Transações

Em 2014, meu empresário na época, Evan, me informou que o financista bilionário por trás de *O lobo de Wall Street* estava me oferecendo 25 mil dólares para ir ao Super Bowl com ele. Receber 25 mil dólares para comparecer a um evento ao qual as pessoas juntavam dinheiro para ir era a coisa mais ridícula que eu já tinha ouvido. Eu havia acabado de começar a ver números como esse sendo propostos, e só para trabalhos que exigiam tempo e esforço real da minha parte: dias de doze horas de gravações com poucos intervalos. Eu não havia feito mais do que alguns comparecimentos pagos, e em todos eles havia pontos a serem mencionados e um produto a ser vendido. Isso era diferente. Evan explicou que aquela pessoa, Jho Low, "apenas gostava de ter homens e mulheres famosos por perto" e que outras celebridades também compareceriam. "Todo mundo que é alguém está fazendo esse tipo de acordo com ele", Evan me assegurou. "Ele é só um daqueles caras insanamente ricos da Ásia." A fortuna de Jho Low era de família, ele disse. Dinheiro fácil era um novo conceito, e a sensação era quase de ser "fodona" por aceitar dinheiro em troca de tão pouco de alguém que tinha tanto.

Quando pesquisei na internet, não encontrei muita coisa, a não ser algumas fotos dele coberto de suor em boates com Paris Hilton e informações vagas sobre sua produtora.

"Tenho certeza de que Leo vai estar lá, e um monte de outras pessoas que você vai conhecer, ou, ahn, reconhecer. Sabia que o filme deles está concorrendo ao Oscar em cinco categorias no mês que vem?" Dava para dizer que Evan estava animado com a ideia de ir ao Super Bowl com aquela turma.

"Eu não preciso fazer, tipo, nada *específico*, certo?", perguntei. Estar no Super Bowl era minha única obrigação ou havia alguma outra expectativa mais velada? Evan me disse que tinha insistido com o contato de Jho Low (mais uma pergunta: de quem era o trabalho de ligar para os agentes das celebridades para que elas comparecessem a eventos com seu chefe por um cachê?) para que ele me acompanhasse: "Só para ter certeza de que você vai se sentir confortável. Você se importa se eu levar um acompanhante também?". Tudo bem por mim. Eu sabia que Evan estava indo como um supervisor ou um mediador; mas de que, exatamente, ele estava me protegendo, eu não tinha certeza. O dinheiro, e a comissão de 10% que ele levaria, seria transferido com antecedência. "Vou garantir que caia antes de sexta-feira", prometeu Evan.

Eu não conseguia me lembrar contra qual time o Seattle Seahawks ia jogar, só que meu pai tinha dito ao telefone no dia anterior que deveria ser um "belo de um jogo". Nunca liguei para futebol americano, mas meu pai, sim. Quando eu disse que ia estar lá, ele gritou: "Ah, Emily! Estou com tanta inveja!".

Era fevereiro e, como uma recém-chegada da Costa Oeste, eu não tinha um casaco adequado para usar em um jogo de futebol americano ao ar livre no inverno. Minha agente dos trabalhos como modelo cobrou um favor e conseguiu uma jaqueta branca da Moncler para mim. O empréstimo era apenas para o fim de semana, ela teria de ser devolvida na segunda-feira de manhã. "Não deixe nada cair nela ou vão fazer você pagar. Custa uma *fortuna*", minha agente alertou.

Evan sugeriu que eu contratasse um cabeleireiro e um maquiador profissionais para o jogo, mas decidi não gastar com aquilo. Em vez disso, tentei reproduzir o que eles faziam para eventos de tapete vermelho: coloquei mais maquiagem do que costumava usar e prendi um aplique desgrenhado na parte de trás da minha cabeça. Não haveria fotógrafos, então eu estava me arrumando para apenas uma pessoa: o misterioso Jho Low.

Tínhamos recebido instruções para nos encontrarmos no Plaza, onde fomos imediatamente encaminhados para um ônibus. Evan estava certo sobre os outros convidados: havia duas modelos famosas que eu nunca tinha visto pessoalmente antes, uma conhecida pela aparição recente na capa da edição de biquínis da *Sports Illustrated* e a outra por sua época como "angel" da Victoria's Secret. Havia alguns atores, acompanhados por seus séquitos. O restante do grupo era composto por pessoas que pareciam trabalhar para Jho Low. Ele embarcou por último no ônibus, usando uma jaqueta puffer com capuz. Embora eu tivesse visto sua foto na internet, fiquei surpresa ao ver como ele parecia jovem pessoalmente, menos de 31 anos. Enquanto seu corpo baixo e gorducho se movia pelo corredor, Evan se levantou de um salto para me apresentar. Fazia parte do trabalho parecer animada? Reuni algum entusiasmo.

"Muito obrigada por me receber", lancei, sorrindo para ele.

"Sim, sim, claro, claro." Ele concordou com a cabeça e sorriu distraído antes de se sentar no fundo do ônibus.

Vários carros e motocicletas da polícia apareceram, cercando o ônibus. Por sobre o rap que tocava em um alto-falante, Evan explicou que estávamos sendo escoltados até o estádio para evitar o trânsito. "A cidade fecha uma avenida para que as pessoas que podem arcar recebam esse tratamento." Ele deu uma risadinha, balançando a cabeça. "Uma loucura, né?"

"É o único jeito de fazer isso", um homem franzino interrompeu, se apresentando como Riza. "Eu produzi *O lobo de Wall Street* com Jho Low", ele disse, e se sentou do outro lado do corredor.

Quando eu era adolescente, riqueza era um conceito abstrato para mim. Eu tinha uma vaga noção da renda dos meus pais, mas não fazia ideia o suficiente, já que perguntara à minha mãe apenas um ano antes se quarenta mil dólares era uma quantia razoável para uma pessoa viver durante um ano. "Sem dúvida não é dinheiro o bastante para viver *com conforto*", ela disse, sem se estender muito. Eu ainda não conseguia entender a diferença entre os pais ricos da minha cidade e os bilionários como Jho Low. Não havia graus quando se tratava de gente rica; para mim, rico era simplesmente rico.

Comecei a ganhar meu próprio dinheiro aos catorze anos. Achava que era importante nunca ficar em dívida com outras pessoas. No ensino médio, certa vez paguei tudo em um encontro com um garoto em quem eu não estava interessada, só para me certificar de que não teria que sair com ele de novo ou, meu maior medo, lhe dever algo sexualmente. Eu ainda não tinha minha carteira de motorista e estava preocupada de ter que pagar o cara com quem ia sair por ter me buscado; eu me ofereci para pagar a gasolina. Joguei um maço de dinheiro na mesa do restaurante mexicano onde comemos. "É sério, não tem problema. Foi superlegal da sua parte me buscar", eu disse. Pagar me fazia sentir que eu estava no controle. Eu me orgulhava de estar livre de obrigações.

Quando me mudei para Los Angeles e comecei a trabalhar em tempo integral, havia uma garota, Isabella, que se parecia um pouco comigo: sobrancelhas castanhas grossas e traços marcados. Ainda que nós duas tivéssemos dezenove anos, eu me sentia mais velha do que Isabella. Ela falava mansinho e era tímida, usava os cabelos compridos para cobrir o corpo. Nós nos víamos com frequência em castings, onde fomos ficando próximas por causa da solidão de viver em uma nova cidade. Ela me disse que tinha começado havia pouco a ir a boates com a moça com quem dividia a casa, Chloe, uma modelo loira de pouco mais de um metro e oitenta. "Você devia vir com a gente um dia", ela lançou.

Eu tinha ido apenas algumas vezes a casas noturnas, mas sabia que não gostava particularmente delas. Não gostava da música que tocava ou de como as pessoas derramavam bebidas nas minhas pernas expostas ou de como sempre parecia ter alguém me apalpando. Mesmo assim, seria idiota recusar uma oportunidade de conhecer gente nova. Eu estava desesperada para começar uma vida adulta em Los Angeles. Fizemos planos para a semana seguinte.

Nós nos encontramos em um restaurante japonês que mais parecia ser de Las Vegas do que de Los Angeles. Falei para Chloe e Isabella que estava nervosa porque tinha perdido minha identidade falsa. Chloe riu e me tranquilizou: "Não precisa se preocupar com esse tipo de coisa".

Um homem baixo com cerca de trinta anos, usando uma camisa de botões preta, nos cumprimentou na entrada de uma sala particular, beijando Chloe e Isabella. Fiquei surpresa – imaginei que sairíamos com pessoas de idade mais próxima da nossa. Ele abriu um sorriso e se apresentou para mim como "Sacha, amigo da Chloe", me dizendo para beber e comer o que quisesse. Não familiarizada com o longo cardápio de drinques, fiquei sem saber o que dizer quando o garçom veio anotar o que eu queria e pedi uma tequila sunrise, bebida que eu me lembrava de minha mãe gostar. A doçura da groselha me deixou nauseada. Prato após prato fumegante aparecia dramaticamente em uma mesa comprida e modelos menores de idade iam chegando aos poucos, sorrindo nervosas enquanto Sacha se levantava para cumprimentá-las.

"O que as senhoritas desejam?", ele perguntava sempre, fazendo sinal para um garçom. Ele estava animado e ansioso, não conseguia ficar parado.

"E aí, Sach!", uma mulher usando saltos grossos e uma jaqueta de couro gritou enquanto se pavoneava até a sala particular. Sacha apareceu. "Kim! Linda como sempre."

Kim era da nossa idade, mas estava claro que ela era diferente, confiante e à vontade, uma veterana. Ela abraçou Sacha frouxamente, encostando o queixo na clavícula dele, e observou a mesa de jovens caladas, nos avaliando, seu olhar pulando de uma para a outra.

"Os caras estão quase chegando", ela sussurrou, se desvencilhando dele e se sentando. Não muito depois disso, Sacha anunciou que era hora de ir embora. A longa mesa ainda estava coberta de pratos cheios de comida. Fiquei sentada, esperando uma conta aparecer, e Isabella sussurrou para mim: "Não, não, não. A gente só vai embora". Quando percebi que outra pessoa estava pagando, senti uma pontada de ansiedade.

Lá fora, Sacha nos encaminhou para vários SUVs pretos e disse para a gente "subir". Entrei, usando uma das mãos para segurar meu vestido curto e evitar que minha bunda ficasse de fora, e deparei com vários homens de uns quarenta anos já no carro. "Oi", disse um deles, grande e careca, que parecia muito maior do que a capacidade do banco em que estava sentado. Sua mão enorme pousou pesada na coxa de uma moça franzina e pálida que parecia só alguns anos mais velha do que eu. "Esta é minha noiva", disse ele. Ela acenou indiferente. Do banco de trás, um homem rechonchudo com barba por fazer e nariz oleoso gritou: "Ei, meninas, vamos badalar!".

Na casa noturna, os homens não paravam de nos oferecer cocaína, que eles cheiravam de costas para a pista de dança. Eles pediram garrafas de bebida que chegaram com velas cascata, servidas por mulheres de minissaia preta e maquiagem pesada nos olhos. Os homens agarravam nossos corpos e nos serviam doses, cantavam junto com a música pop odiosa e levantavam os punhos no ar. A maior parte do tempo, no entanto, Isabella e eu ficamos em uma cabine, mal nos movendo no ritmo da música e sem falar muito. Notei que Chloe estava esparramada em um canto. A certa altura, nós três devemos ter conseguido dar um jeito de ir embora, porque acordei na manhã seguinte no quarto de Isabella com a cabeça latejando ao ler uma mensagem: "Foi divertido demais ontem à noite! Aliás, é o Sacha, salva o meu número".

Depois disso, tornou-se um hábito ignorar as mensagens semanais de Sacha, que eram sempre versões de uma única: "Oi, gataaa. Quinta-feira! Um jantar e tanto hoje no Nobu antes de a gente sair! Vai ser animal, aparece". Quando contei a outra modelo sobre ele, ela explicou que Sacha era um promoter de festas.

"Ele tem o seu telefone? Nunca mais vai parar de te mandar mensagem, menina. Os caras ricos pagam para ele ir atrás de modelos. Eles sempre começam as noites com um bom jantar, para que as garotas que não estão ganhando muito dinheiro tenham uma refeição grátis."

A situação toda me deu calafrios, mas quando Sacha mandou uma mensagem para mim, Chloe e Isabella sobre uma viagem grátis para o Coachella, que incluiria ingressos para o festival, um lugar para ficar e um passeio pelo deserto em um ônibus limusine, fiquei animada demais para recusar. Nós três nos debruçamos sobre a programação e circulamos os shows que queríamos ver.

O Coachella era caro. No ano anterior, eu tinha ido de carro para lá com a minha melhor amiga e passado duas noites dormindo em meu Nissan com os bancos deitados, parado no estacionamento de um hotel onde pagávamos dez dólares a cada manhã para comer ovos frios e esponjosos do bufê de café da manhã. Nós tínhamos entrado furtivamente no festival e, no caminho de volta para casa, encontramos um vale antigo do Starbucks embaixo do banco da frente que nos rendeu bagels com cream cheese. Tinha sido divertido, mas agora eu ia poder ficar na área VIP do bar ao ar livre e na primeira fileira dos shows. A perspectiva fez eu me sentir adulta.

"Quer dizer, se formos juntas, não vai ter problema", Isabella me mandou por mensagem. Imaginamos que poderíamos ignorar os homens enquanto aproveitávamos o arranjo deles.

Pegamos um engarrafamento saindo de Los Angeles. Estávamos mais ou menos em quinze, além de Sacha, no ônibus-balada, que tinha sido equipado com luzes de neon roxas e um bar cheio de gelo e garrafas de bebida. Sacha mantinha a música alta, seguindo pelo corredor e enchendo nossos copos com um sorriso aberto. Por fim, até as garotas mais animadas pareciam ter se cansado. Olhávamos nossos telefones. Uma modelo alta de cabelo espesso e preto e de voz anasalada veio se sentar ao meu lado.

"Então, você sabe que o grandão careca é, tipo, um príncipe, né?" Ela afundou no assento, suas pernas compridas esticadas no corredor. O figurino dela tinha saído direto dos anos 1970: saia longa, blusa curta e um monte de pulseiras. "A mãe dele é superfamosa, obviamente. Mas, é, ouvi dizer que ele e a noiva gostam de fazer *ménage à trois*." Dando um sorrisinho, ela apertou o nó de um lenço de seda colorido em torno da testa. "Então eles meio que estão sempre procurando garotas para isso."

Quando por fim chegamos à enorme casa em estilo espanhol no deserto onde nos hospedaríamos, tínhamos passado quase seis horas no trânsito e estávamos todas exaustas e prontas para ir para a cama. Sacha ficou alvoroçado, tentando nos manter acordadas. "Garotas! Olha só que loucura esta casa!", ele gritou quando entramos no saguão, nos agarrando e empurrando para a piscina nos fundos. "Por que não vão dar um mergulho noturno?!" Lá fora, deparamos com o príncipe e a noiva pálida na hidromassagem, junto com um homem de ombros largos que eu nunca tinha visto antes. Ficamos paradas pouco à vontade perto da borda, admirando a casa. Algumas garotas colocaram a roupa de banho e entraram na água. Quando fiquei só com o biquíni que estava usando por baixo do short jeans, senti os olhos do príncipe pousarem no meu corpo.

"Muito bem", ele disse, cutucando o amigo. "Algo assim sempre me interessa." Ele apontou para mim. "Uma garota como você, o que você gostaria de mudar no seu corpo? Tipo, o que te incomoda?" Os dois olharam para mim. Eu fiquei paralisada.

"Não sei", respondi, repassando na minha cabeça as coisas que gostaria de mudar em mim: ter um nariz menor, pernas mais longas. Ele tomou um gole do drinque voltando sua atenção para outro lugar, entediado por eu não ter entrado na onda. Apesar de estar com um pouco de medo dele, tive uma estranha sensação de derrota. Homens poderosos sempre tiveram aquele efeito sobre mim; eles me fazem querer ser notada, mas também desaparecer. Observei o príncipe rindo. As luzes da hidromassagem iluminavam o rosto dele por baixo, fazendo sombras grotescas.

Voltei para dentro da casa. O cara com barba por fazer e nariz oleoso que eu tinha conhecido em Los Angeles estava colocando música para tocar na cozinha e servindo drinques, de óculos escuros e um chapéu cor-de-rosa com orelhas de coelho enormes acopladas. Soltei uma risadinha quando o vi. Ele ergueu os olhos e deu de ombros. "Quer participar?" Ele parecia bobo e autodepreciativo de uma forma que me fez gostar dele, ou que pelo menos me deixou com menos medo. Coloquei um moletom com capuz e me sentei em uma banqueta, encolhendo as pernas de modo que meus joelhos ficassem junto do queixo.

"Come um pouco de chocolate", ele ofereceu. "Tem cogumelo e talvez um pouco de MDMA, apenas o suficiente para te deixar altinha." Ele quebrou um pedaço e o colocou na boca. "É tranquilo. Pode acreditar em mim, você vai se sentir ótima."

Eu estava apreensiva, mas sabia que não podia ser pior do que passar mais tempo com o príncipe. Mordi um pedacinho e abri um saco de batatas chips enquanto ele cheirava uma carreira de cocaína no balcão. Ele me disse que a esposa e os filhos pensavam que ele estava em um retiro de ioga de fim de semana no deserto.

"Eles não fazem ideia. Acham que estou me *renovando*", ele murmurou, e se inclinou para cheirar outra carreira. "Sabia que há pouco tempo fui para a cama com uma garota que acordou antes de mim de manhã, *fez escova*, passou maquiagem e depois se arrastou de volta para a cama do meu lado para fingir que estava dormindo?" Ele falava cuspindo. Pensei na garota e em como ela queria impressioná-lo ao parecer naturalmente bonita logo pela manhã.

Eu mal conseguia manter os olhos abertos e minha mandíbula estava travada, porque eu vinha rangendo os dentes, de nervoso ou por causa das drogas, eu não tinha certeza. Isabella entrou vindo da piscina e disse baixinho que tinha achado um quarto do lado da cozinha com uma cama queen-size que poderíamos dividir com Chloe. Saímos na ponta dos pés, esperando que ninguém percebesse, encontramos nossas malas empilhadas no saguão bizarramente grande e as levamos para o quarto. A música da piscina ficou mais alta antes de fecharmos a porta. Chloe caiu de cara na cama macia. Isabella escovou os dentes e eu coloquei uma calça de moletom, torcendo para que a gente tivesse conseguido escapar.

Mas Sacha nos encontrou quase na mesma hora. Ele abriu a porta. "Mas o que é isso? Chloe!", ele ganiu. "Chloe, acorda!"

Chloe era uma festeira, mas não gostava que mandassem nela. "Cansada demais", ela murmurou com a cara no travesseiro. Ele fechou a cara para mim e Isabella, sabendo que era ainda menos provável que voltássemos a nos animar.

Então Kim, a garota que Sacha tinha cumprimentado tão calorosamente no restaurante em Los Angeles, apareceu de repente atrás dele usando nada mais do que um biquíni fio dental preto.

Ele se virou para ela, seu tom mudando. "Tudo bem", ele disse sério. "Lembra do que conversamos? Preciso que você vá e faça o seu negócio lá fora." Ela assentiu duas vezes bem rápido com a cabeça e, sem falar uma palavra sequer, deu a volta e sumiu de vista.

"Hora da hidromassagem!" Eu a ouvi cantarolar. Sacha parecia exausto. Ele esfregou a mão na nuca e na cabeça. Calmamente, fechei a porta, me perguntando o que eu tinha acabado de testemunhar. Sacha era chefe da Kim? Ou eles estavam naquilo juntos? E o que ela deveria fazer exatamente?

Não consegui dormir naquela noite, espremida entre Chloe e Isabella debaixo de um edredom que cheirava a armário e a outra pessoa. Pensei na forma como as luzes que mudavam de cor-de-rosa para verde na hidromassagem iluminavam o rosto do príncipe e como o corpo dele parecia grotesco ao lado de sua noiva franzina. Eu me dei conta de que tinha me sentido mais segura no ano anterior dormindo no meu carro no estacionamento de um hotel miserável. Isabella e eu estávamos erradas. Aquele não era um passeio gratuito.

No Super Bowl, me surpreendi ao descobrir que a minha jaqueta emprestada da Moncler era desnecessária. Não ficamos sentados do lado de fora nas arquibancadas, mas em um camarote fechado no meio do estádio, com aquecimento, um bar abastecido, vários garçons e um banquete de comida extravagante.

Um ator que já tinha ganhado o Oscar e sua namorada deram uma passada, animando um pouco o fundo da sala. Jho Low estava quieto, mas ficou radiante quando o ator começou a agir de modo espalhafatoso e gregário. A imagem de um rei sendo entretido por um bobo da corte me veio à mente. Eu me perguntei quanto Jho Low estava pagando para ele, e pensei em nossos cachês anotados em algum registro no computador de um subordinado. Horas se passaram. As pessoas olhavam para seus telefones e se esparramavam em seus assentos. Eu não tinha me dado conta de como o jogo demoraria, e depois de uma taça de vinho e várias idas ao bufê, estava entediada e exausta. O próprio Jho Low parecia desanimado, olhando para o nada. Fiquei me perguntando se ele ao menos gostava de futebol americano.

Quase no final do jogo, os homens no fundo da sala se levantaram e Evan me informou que estávamos seguindo para um *after*. Fiquei surpresa e decepcionada; eu estava ansiosa para que aquele dia incômodo acabasse. Perguntei a Evan quando ele achava que era o.k. eu ir embora. Ele deu uma olhada no relógio. "Provavelmente mais algumas horas, vamos ver o clima." Eu tinha sido lembrada: não estava livre para ir e vir como bem entendesse. Eu estava batendo ponto.

A música tocava alto e as luzes estavam baixas na área da festa, um lounge de dois andares cheio de veludo vermelho. Antes de ir para o pequeno bar no andar de cima, tive o cuidado de colocar a jaqueta emprestada atrás de uma poltrona onde ninguém poderia derramar bebida. Depois de mais ou menos uma hora, Evan por fim indicou que eu já tinha ficado tempo suficiente. Eu dei uma olhada ao redor. Quem tinha me liberado? Coloquei minha tequila diluída em uma mesa e desci as escadas para buscar meu casaco.

Enquanto caminhava em direção à saída, passei por um grupo de pessoas dançando. Eu vi que o rosto de Jho Low tinha ficado vermelho e suado. Ele estava bêbado. Uma bandeja com doses de bebida alcoólica dourada apareceu na frente dele, e ele pegou duas, entregando uma para a modelo da Victoria's Secret. Ela havia ignorado os outros convidados e eu, sua atenção concentrada em Jho Low. Agora ela mantinha os olhos fixos nele enquanto ele virava sua dose, jogando a cabeça dramaticamente para trás ao fazer isso, e ela fez o mesmo, mas só para jogar sua própria bebida por sobre o ombro. Quando ele a encarou novamente, seus olhos brilharam, e as famosas covinhas apareceram nas bochechas dela. *Poxa*, pensei, *que jogada*. Rindo, ela voltou as costas para ele e dobrou os joelhos para esfregar a bunda na virilha dele. O rosto de Jho Low se iluminou de prazer.

Quando saí pela porta para a noite gelada, me ocorreu como ela e eu tínhamos encarado o dia de modo diferente. Para ela, tinha sido uma oportunidade. Já eu tinha ignorado completamente a tarefa tácita para a qual tinha sido contratada: entreter os homens que tinham me pagado para estar lá.

Eu gostava de pensar que era diferente de mulheres como ela e Kim. Mas, ao longo do tempo, foi ficando mais difícil me ater a essa distinção ou até acreditar na sua virtude. Eu via modelos e atrizes garantirem seu sucesso financeiro e suas carreiras namorando ou casando com homens ricos e famosos. A modelo da Victoria's Secret acabou por se casar com um gigante bilionário do ramo da tecnologia; outras modelos com quem eu tinha começado viram suas carreiras melhorarem dramaticamente depois que se casaram com um pop star ou se envolveram com um ator de sucesso. A capa da *Vogue* que elas pensaram que nunca conseguiriam? Após um casamento e um grande anel de diamante, lá estava ela nas bancas, a modelo delicadamente envolvida pelos braços de seu parceiro bem-sucedido. O mundo festeja e recompensa mulheres que são escolhidas por homens poderosos.

Eu não conseguia deixar de me perguntar se aquelas mulheres eram de fato as mais espertas, jogando o jogo da forma certa. Era inegável que não dava para se esquivar totalmente do jogo: todas nós tínhamos que ganhar dinheiro de uma forma ou de outra. Então elas eram as vigaristas, e eu era – o quê, exatamente? Fiz posts pagos no Instagram de marcas de roupas e de skincare que pertenciam a homens ricos. E eu não era diferente ao comercializar minha presença física, posando ao lado de CEOs de terno nas inaugurações de lojas e nas festas deles. Eu não estava sendo uma interesseira exatamente como elas? Eu não estava no mesmo nível de tolerância?

Alguns anos depois do Super Bowl, fiquei sabendo, junto com o resto do mundo, que no fim das contas Jho Low não tinha vindo de uma família super-rica. Com a ajuda do primeiro-ministro da Malásia (que era padrasto de Riza), Jho Low tinha roubado bilhões de dólares desviando dinheiro do governo malaio para um fundo que ele administrava.

Hoje ele é um fugitivo internacional, procurado pelas autoridades da Malásia, de Singapura e dos Estados Unidos. Os promotores federais apreenderam quase 1 bilhão de dólares em bens comprados com o dinheiro que ele tinha roubado: propriedades, iates, obras de arte e entretenimento (150 milhões de dólares tinham sido investidos em *O lobo de Wall Street*). O próprio Leonardo DiCaprio tinha ganhado um Picasso e um Basquiat, que foram devolvidos para os agentes federais.

Uma semana depois do Super Bowl, Jho Low deu à modelo da Victoria's Secret uma festa de aniversário extravagante e um colar de diamantes em forma de coração com as iniciais dela gravadas. Tinha custado 1,3 milhão de dólares e, como tudo mais que Jho Low tinha comprado, fora custeado com dinheiro lavado por meio de seu fundo. Por fim, a modelo teve que devolver cerca de 8 milhões de dólares em joias. Um dos presentes que ganhara, um piano de cauda transparente, não foi apreendido. Era tão grande que simplesmente não havia como tirá-lo da casa.

Comprar-me de volta

O ex-marido da minha mãe, Jim (que, até eu completar oito anos, achei que fosse meu tio), tinha alertas do Google configurados com o meu nome. Toda vez que eu era mencionada em alguma notícia — se é que se pode chamar o que aparece nos sites de fofoca de "notícia" —, Jim imediatamente era notificado via e-mail. Ele tinha boas intenções, mas era um alarmista; queria manter um vínculo comigo, e aqueles alertas rendiam oportunidades perfeitas para me procurar.

Eu estava caminhando pelo Tompkins Square Park com uma amiga e o cachorro dela, tomando um café, quando o nome de Jim apareceu no meu telefone. "Fiquei sabendo que você está sendo processada. Eu te aconselho a...", ele começou. Jim era advogado, acostumado com pessoas que ligavam para ele pedindo aconselhamento jurídico, e, então, costumava dar sua opinião mesmo quando ela não era requisitada. "Acho que isso vem no pacote de ser uma figura pública", escreveu ele na mensagem seguinte.

Acho que sim, pensei.

Eu me sentei em um banco e busquei meu nome no Google, descobrindo que estava de fato sendo processada, desta vez por postar no Instagram uma foto minha tirada por um paparazzo. No dia seguinte fiquei sabendo pela minha advogada que, apesar de ser tema da fotografia, mesmo sem querer, eu não podia controlar o que acontecia com ela. Ela explicou que o advogado por trás da questão vinha abrindo processos como aquele em sequência, tantos que o tribunal o apelidara de "troll do copyright". "Eles querem 150 mil dólares em indenização pelo seu 'uso' da imagem", ela me disse, suspirando fundo.

Na foto, estou segurando um vaso enorme de flores que tampa completamente o meu rosto. Eu tinha comprado as flores para o aniversário da minha amiga Mary em uma loja na esquina do meu antigo apartamento em NoHo. Eu mesma havia feito o arranjo; tinha escolhido e pegado as flores em vários baldes pela loja enquanto contava para as mulheres atrás do balcão que uma amiga estava fazendo quarenta anos. "Quero que este buquê fique com a cara dela!", eu disse, pegando um punhado de ramos de folhas de limão siciliano.

Eu tinha gostado da foto que o paparazzo havia tirado, mas não por ser uma boa foto minha. Estou completamente irreconhecível nela; só minhas pernas de fora e o grande blazer antiquado de tweed que eu estava usando estão à vista. As flores de aparência selvagem estão no lugar da minha cabeça, como se o arranjo tivesse crescido das pernas magricelas e calçado displicentemente uns tênis brancos sujos – um buquê dando uma volta pelas ruas de concreto, passeando pela cidade.

No dia seguinte, depois de ter me visto na foto na internet, enviei-a para Mary, escrevendo: "Eu queria mesmo ter um buquê de flores no lugar da cabeça".

"*Ha!* Também", ela escreveu de volta na hora.

Postei a imagem no Instagram algumas horas depois, adicionando sobre ela letras maiúsculas brancas que diziam "MOOD PARA A VIDA". Desde "Blurred Lines", paparazzi ficavam à espreita do lado de fora da minha casa. Eu tinha me acostumado com homens grandes surgindo de repente entre dois carros ou saltando de trás de esquinas, com buracos negros vítreos onde devia estar seu rosto. Postei no Instagram a minha foto usando o buquê como escudo porque gostei do que ela dizia sobre o meu relacionamento com os paparazzi, e agora estava sendo processada por isso. Eu tinha me acostumado mais a me ver através das lentes dos paparazzi do que no espelho.

E aprendi que a minha imagem, o meu reflexo, não são meus.

Durante o tempo que ficamos juntos, vários anos atrás, meu namorado fez amizade com um cara que trabalhava em uma galeria de arte importante e internacional. O galerista disse que a gente talvez gostasse de dar uma olhada na próxima exposição de Richard Prince, "Instagram Paintings". As "pinturas" eram na verdade apenas imagens de posts do Instagram, sobre as quais o artista tinha feito comentários a partir de sua própria conta, impressas em grandes telas. Havia uma minha em preto e branco: um nu do meu corpo de perfil, em que eu estava sentada, com a cabeça descansando nas mãos, olhos estreitados e sedutores. A foto tinha sido tirada para a capa de uma revista.

Todo mundo, especialmente meu namorado, me fez acreditar que eu deveria me sentir honrada por ter sido incluída na série. Richard Prince é um artista importante, e a insinuação era a de que eu deveria ser grata por ele considerar minha imagem digna de uma pintura. *Mas que validação*. E uma parte de mim *ficou mesmo* honrada. Eu tinha cursado arte na UCLA e era capaz de apreciar a abordagem warholiana de Prince no Instagram. Ainda assim, ganho a vida posando para fotos, e parecia estranho que um artista chique e famoso, que fazia muito mais dinheiro do que eu, pudesse roubar um dos meus posts no Instagram e vendê-lo como se fosse uma obra de sua autoria.

Cada pintura custava 80 mil dólares, e meu namorado queria comprar a minha. Na época, o que eu ganhava dava só para pagar a metade da entrada do meu primeiro apartamento com ele. Fiquei lisonjeada por ele querer ser dono da pintura, mas não sentia o mesmo desejo que ele de ficar com a obra. Me pareceu estranho que ele ou eu tivéssemos que comprar de volta uma foto minha – sobretudo uma que eu tinha postado no Instagram, que até então parecia o único lugar onde eu conseguia controlar o modo como me apresentava para o mundo, um santuário da minha autonomia. Se eu quisesse ver aquela foto todo dia, era só olhar o meu perfil no aplicativo.

Para a decepção do meu namorado, o amigo galerista mandou uma mensagem para ele apenas alguns dias depois dizendo que um colecionador proeminente queria a obra.

Eu conhecia o galerista por um monte de gente diferente e o tinha visto pessoalmente uma ou duas vezes, então não demorou muito para descobrir o que de fato tinha acontecido com a foto. A minha imagem gigante estava pendurada sobre o sofá do apartamento dele em West Village.

"É meio embaraçoso", disse um amigo meu, descrevendo o lugar onde a pintura ficava na casa do galerista. "Ele, tipo, se senta embaixo de você pelada."

Mas acabou que Prince tinha feito outra pintura com uma imagem minha do Instagram, e essa ainda estava disponível. A obra era uma reprodução de uma foto da primeira vez que apareci na *Sports Illustrated*. Recebi 150 dólares pela sessão fotográfica e uns poucos mil depois, quando a revista foi lançada, pelo "uso" da minha imagem. Eu tinha odiado a maioria das fotos que eles publicaram daquele ensaio porque não parecia eu mesma: a maquiagem era pesada demais, tinha apliques demais no meu cabelo e os editores não paravam de me dizer para sorrir de um jeito falso. Mas eu tinha gostado de algumas das imagens em que haviam usado tinta corporal em mim e tinha postado uma dessas fotos, que Prince então reutilizou para aquela "pintura".

O comentário de Prince naquele post, incluído entre diversos outros no pé da obra, alude a um dia imaginário que ele teria passado comigo na praia: "Vc me disse a verdade. Vc perdeu o [⚓]. Sem ferimentos. Sem chateação. Igual a um coelhinho animado agora que tá ensolarado", diz. Eu gostei do comentário que ele deixou naquele post muito mais do que do comentário sobre o estudo em preto e branco, no qual ele pergunta: "Você foi criada em um laboratório de ciências por garotos adolescentes?".

Quando me dei conta de que meu namorado e eu tínhamos a chance de ficar com aquela obra, de repente me pareceu importante ser a proprietária de pelo menos metade dela; decidimos comprá-la diretamente do artista e dividir o valor meio a meio. Eu tinha gostado da ideia de colecionar arte, e a obra de Prince me pareceu um investimento inteligente. Mas sobretudo eu não conseguia imaginar não reclamar para mim algo que ficaria exposto na minha casa. E eu sabia que meu namorado sentia aquilo como algum tipo de conquista; ele tinha dado duro para ficar com ela. *Eu deveria demonstrar consideração*, pensei. *Divide logo com ele, vai.* Além do mais, eu tinha 23 anos; não tinha ganhado dinheiro o suficiente para gastar à vontade 80 mil dólares com uma obra de arte.

Quando a obra chegou, fiquei incomodada. Eu tinha visto na internet que outras pessoas que haviam sido tema das pinturas do Instagram ganharam os estudos, rascunhos menores das obras finais, de presente. Meu namorado perguntou sobre isso ao estúdio e, alguns meses depois, veio um "estudo" emoldurado de sessenta centímetros em preto e branco. Era uma foto diferente da obra grande que nós tínhamos comprado, mas ainda assim me senti vitoriosa.

Quando nosso relacionamento chegou ao fim, cerca de um ano e meio depois, presumi que meu ex não ia querer ficar com a tela – uma foto minha gigante, agora sua ex –, então começamos a tomar providências para dividir nossos bens, inclusive as obras de arte que tínhamos comprado juntos. Em troca de outras duas obras, eu me tornei a proprietária da de Prince.

Algumas semanas depois, percebi – ao me sentar ereta, meio dormindo na minha cama com a mandíbula cerrada no meio da noite – que eu não tinha buscado o estudo em preto e branco que o estúdio tinha me dado de presente. Meu ex disse que "não tinha pensado naquilo" e me falou que mandara a obra para o depósito. Trocamos e-mails até ele me dizer que eu precisava lhe dar 10 mil dólares pelo estudo, valor a que tinha chegado a partir de seu "conhecimento do mercado".

"Mas foi um presente pra mim!", escrevi.

Procurei o estúdio de Prince. Eles podiam oferecer algum esclarecimento ou auxílio? Me ajudar a fazer meu ex desistir daquele resgate ridículo? Por meio de meus contatos, me garantiram que eles falariam com o meu ex para confirmar que o estudo tinha sido um presente de Prince para mim e somente para mim. Ele não respondeu bem a essa declaração.

Todos esses homens, alguns que eu conhecia intimamente e outros que eu nunca tinha visto ao vivo, estavam debatendo quem era o proprietário de uma imagem minha. Eu estava considerando minhas opções quando lembrei que o meu ex, com quem eu tinha ficado por três anos, tinha inúmeros nudes meus no celular.

Pensei em algo que tinha acontecido pouco antes, quando eu tinha 22 anos. Estava deitada perto da piscina debaixo do sol ofuscante de Los Angeles quando um amigo me enviou um link para o quadro de avisos do 4chan. Fotos pessoais minhas – junto com as de centenas de outras mulheres hackeadas em um esquema de *phishing* do iCloud – iam vazar na internet. Um post no 4chan listava atrizes e modelos cujos nudes seriam publicados, e o meu nome estava entre eles. A superfície da piscina brilhava à luz do sol, quase me cegando enquanto eu apertava os olhos rolando a lista de dez, vinte, cinquenta nomes de mulheres até deparar com o meu. Lá estava, simples e direto, como eu já tinha visto nas listas de chamada da escola: tão simples, como se não significasse nada.

Naquela mesma semana, as fotos foram reveladas para o mundo. Fotos destinadas apenas a uma pessoa que me amava e com quem eu me sentia segura – fotos tiradas em confiança e intimidade – agora estavam sendo freneticamente compartilhadas e discutidas em fóruns on-line, classificadas como "gostosa" ou "não". Rebecca Solnit escreveu sobre a mensagem que acompanha a pornografia de vingança: "Você pensou que fosse uma mente, mas é um corpo; você pensou que pudesse ter uma vida pública, mas sua vida pessoal está aqui para te sabotar; você pensou que tivesse poder, então deixe a gente destruir você". Eu tinha sido destruída. Tinha perdido cinco quilos em cinco dias, e um tufo de cabelo caiu uma semana depois, deixando um círculo perfeitamente redondo de pele branca na parte de trás da minha cabeça.

No dia seguinte, transferi o dinheiro para o meu ex. Não achei que sobreviveria se tivesse que passar de novo pelo que eu tinha passado. Troquei a segurança daquelas centenas de Emilys por uma única imagem – uma que tinha sido tirada de minha plataforma e apresentada como a arte valiosa e importante de outro homem.

Pendurei a pintura gigante do Instagram, a imagem do ensaio da *Sports Illustrated*, em uma parede de destaque na minha nova casa em Los Angeles. Quando as pessoas me visitavam, corriam até ela e gritavam: "Ah, você tem uma dessas!".

Meus convidados cruzavam os braços e observavam a pintura, liam o comentário de Prince e sorriam. O comentário acima do dele tinha sido feito por um usuário desconhecido; eles costumavam se voltar para mim e perguntar se eu sabia o que queria dizer. "É alemão?", eles se perguntavam em voz alta, semicerrando os olhos.

Por fim, depois que bastante gente perguntou, decidi traduzir eu mesma o comentário.

"É sobre como meus peitos estão caídos", eu disse ao meu marido, com quem moro hoje. Ele se aproximou e me abraçou por trás, sussurrando: "Eu te acho perfeita". Senti meu corpo se tensionar. Até o amor e a consideração de um homem em um homem em quem eu confiava, eu tinha aprendido, podiam se transformar em possessividade. Eu sentia que tinha que proteger a minha imagem. A imagem dela. A minha.

Da vez seguinte em que alguém perguntou sobre o comentário em alemão, menti e disse que não sabia o que queria dizer.

Em 2012, minha agente me disse que eu tinha de comprar uma passagem de ônibus da Penn Station até Catskills, onde um fotógrafo chamado Jonathan Leder me buscaria e me reembolsaria pelo trajeto. A sessão de fotos seria em Woodstock, para uma revista mais artística da qual eu nunca tinha ouvido falar chamada *Darius*, e eu dormiria na casa dele, disse minha agente. O ramo chama isso de editorial não pago, o que significa que eu apareceria na revista e a "exposição" seria a minha remuneração.

Eu já trabalhava em tempo integral com a minha agente havia cerca de dois anos. Ela me conhecia desde que eu tinha catorze, quando consegui meus primeiros trabalhos como modelo e atriz, mas tinha começado a levar minha carreira mais a sério quando completei vinte anos. Eu também tinha começado a levar minha carreira mais a sério: desisti da UCLA para seguir como modelo e estava trabalhando com bastante regularidade. Abri uma conta de aposentadoria individual e paguei meu primeiro e único ano da faculdade com o dinheiro que eu tinha ganhado. Eu não estava fazendo nada extravagante ou importante, fazia sobretudo trabalhos de e-commerce para lugares como a Forever 21 e a Nordstrom, mas o dinheiro era melhor do que o que as minhas amigas ganhavam como garçonetes ou vendedoras. Eu me sentia livre: livre dos chefes imbecis com os quais minhas amigas tinham que lidar, livre de dívidas de empréstimos estudantis e livre para viajar e comer fora mais vezes e fazer o que eu quisesse. Parecia loucura que algum dia eu tivesse valorizado os estudos em detrimento da segurança financeira que a carreira de modelo estava começando a me proporcionar.

Quando pesquisei na internet o trabalho de Jonathan, vi alguns editoriais de moda cujas fotos ele tinha feito. *Meio monótono*, eu me lembro de ter pensado. *Meio hipster*. O Instagram dele consistia principalmente em fotos dele mesmo em sua casa e algumas fotos retrô e estranhas de uma mulher russa que parecia muito nova com óbvias próteses de silicone. *Meio estranho*, pensei, mas já tinha visto coisa mais estranha. *Vai ver é só o que ele posta no Instagram*. O trabalho dele que aparecia no Google parecia celeste e bonito. Legítimo. Eu não me preocupei em procurar mais. Além disso, minha agente tinha controle total sobre a minha carreira: eu fazia o que ela me dizia para fazer e, em troca, ela devia expandir meu portfólio para que eu conseguisse mais trabalhos remunerados e me estabelecesse no ramo. Como prometido, Jonathan me buscou no ponto de ônibus em Woodstock. Ele era pequeno e estava vestido com simplicidade, de jeans e camiseta. Parecia nitidamente desinteressado em mim e não me olhou nos olhos enquanto dirigia seu carro vintage pelas ruas forradas com grama alta. Ele dava a impressão de ser um artista do tipo nervoso e neurótico. Era muito diferente dos outros fotógrafos de "moda" que eu conhecera àquela altura, homens que tendiam a ser babacas de Los Angeles com luzes estrategicamente distribuídas no cabelo e que cheiravam a colônia doce.

Eu estava usando uma regata que enfiara para dentro na parte da frente de um short de cintura alta e, enquanto seguíamos de carro, vi os pelos louros e macios das minhas coxas brilharem à luz do sol. Jonathan nunca olhou para mim diretamente, mas eu me lembro de me sentir observada, ciente de como estávamos perto um do outro e da aparência do meu corpo a partir do banco do motorista, onde ele estava. Quanto mais indiferente ele parecia, mais eu queria me provar digna da atenção dele. Eu sabia que impressionar esses fotógrafos era uma parte importante na construção de uma boa reputação. *Será que ele acha que sou inteligente? Especialmente bonita?* Pensei em todas as outras jovens modelos que deviam ter ido àquela rodoviária em Catskills e sentado naquele carro.

Quando chegamos à casa de Jonathan, duas crianças estavam sentadas à mesa da cozinha. Fiquei parada sem jeito na porta, com meu short curto, e me senti constrangedoramente nova – até não feminina, como se eu mesma fosse uma criança. Vi a hora em um relógio de parede: *Como é que a gente vai fotografar hoje se já vai escurecer daqui a uma hora e meia? Talvez a gente fotografe amanhã bem cedinho*, imaginei. Fiquei segurando as alças da minha mochila e mudando o peso de uma perna para a outra, esperando instruções. Me senti tomada pelo alívio quando uma maquiadora chegou na casa e começou a organizar seu material na mesa da cozinha ao lado dos filhos de Jonathan. Ela era mais velha do que eu, e quieta. Eu me senti mais confortável com a chegada dela; a pressão de saber como agir e como compensar a estranheza de Jonathan não estava mais sobre mim, agora que outra adulta, uma mulher, estava lá.

A maquiadora terminou de se instalar e começou a me arrumar enquanto Jonathan preparava o jantar. Ele me ofereceu uma taça de vinho tinto que, em meu nervosismo e meu desejo de parecer mais velha e sábia do que era, aceitei e bebi rápido. Tomei grandes goles enquanto a maquiadora traçava uma linha preta e grossa de delineador sobre as minhas pálpebras. Abri a câmera de selfie do meu iPhone no colo para dar uma olhada no trabalho dela. Ela estava me deixando bonita, me transformando para me encaixar na visão estética de Jonathan. Quando ele colocou a lingerie antiquada em uma cadeira da cozinha, comecei a entender que tipo de garota ele queria que eu fosse. Minha agente não tinha mencionado que o ensaio seria de lingerie, mas eu não estava preocupada; já tinha feito inúmeras sessões fotográficas de lingerie antes. Eu podia imaginá-la escrevendo para mim no dia seguinte: "Jonathan te amou. Mal posso esperar para ver as fotos! Beijos", como ela havia feito em outras ocasiões.

Alguém foi buscar os filhos de Jonathan, mas não entrou na casa, enquanto a maquiadora acabava de me preparar. Quando Jonathan terminou de cozinhar, ele, a maquiadora e eu nos sentamos ao redor da mesa da cozinha e comemos macarrão, como se fôssemos uma pequena família. Ele falou sobre sua ex-mulher "maluca" e seu caso com uma atriz "maluca", que então estava com 21 anos (um ano mais velha que eu, reparei). Ele me contou sobre como o casamento tinha ido por água abaixo; como a atriz, que Jonathan tinha selecionado para um curta-metragem que estava fazendo na época, tinha ido morar com eles. Ele me mostrou fotos de nus, polaroides, que tinha tirado dela durante o caso. Ela parecia bastante vulnerável nas fotos de Jonathan, embora desse para ver que estava tentando parecer forte e adulta pela maneira como mantinha o rosto voltado para a câmera, o queixo erguido, o cabelo caindo perfeitamente sobre um olho.

"Ninguém tirou fotos melhores dela", disse ele por sobre o ombro, enquanto eu continuava a passar as polaroides.

Naquele momento, alguma coisa mudou dentro de mim. Enquanto olhava as imagens, fui ficando competitiva. *Esse cara fotografa todas essas mulheres, mas vou mostrar a ele que eu sou a mais sexy e inteligente de todas. Que eu sou especial.* Mordi o lábio inferior enquanto devolvia a pilha bem organizada de polaroides para ele.

Eu me perguntei onde ele guardava aquelas polaroides. Estariam todas meticulosamente etiquetadas em um arquivo gigante em algum lugar do sótão, os nomes das jovens escritos a tinta nas gavetas a elas atribuídas? A imagem de um necrotério me veio à mente.

Estava escuro e eu ainda tinha bobes no cabelo quando terminei minha terceira taça de vinho, a boca tingida de roxo. Eu estava acostumada a esquemas incomuns nas sessões fotográficas, mas nunca tinha passado por uma situação como aquela. Fiz questão de não comer muito, enquanto Jonathan silenciosamente enchia minha taça e eu continuava bebendo. Nesse ramo, aprendi que era importante ganhar fama de trabalhadora e descontraída. "Você nunca sabe quem eles vão fotografar da próxima vez!", minha agente me lembrava. Terminamos nossa refeição relativamente rápido e ajudei a levar os pratos à pia enquanto Jonathan os lavava. "Obrigada, estava tudo uma delícia", eu disse educadamente. Eu me virei e me encostei no balcão, desbloqueando meu telefone. Jonathan sorriu com sarcasmo. "Vocês, garotas, e seus Instagrams. Estão obcecadas! Eu não entendo", disse ele, balançando a cabeça e secando um prato com um pano.

A maquiadora passou um batom vermelho chamativo em mim e eu vesti um conjunto de lingerie cor-de-rosa de cintura alta. Fomos para o quarto no andar de cima para começar as fotos. Eu me sentei em uma cama antiga com cabeceira de latão, meus joelhos pressionando os lençóis desbotados com estampa de flor. Quando ele batia a primeira polaroide, expliquei que trabalhar como modelo para mim tinha a ver apenas com ganhar dinheiro. "Quando a economia quebrou e comecei a ter mais oportunidades de trabalho, simplesmente fazia mais sentido ir atrás disso enquanto podia", eu disse. Eu costumava me definir com essa explicação, sobretudo para homens. "Não sou idiota; sei que a carreira de modelo tem data de validade. Só quero economizar muito dinheiro e depois voltar a estudar ou começar a trabalhar com arte ou alguma coisa do tipo."

Jonathan franziu o cenho enquanto inspecionava a polaroide. "Vocês, garotas, sempre acabam gastando dinheiro demais com sapatos e bolsas", disse ele. "Não é um jeito de economizar dinheiro para valer."

"Eu não compro bolsas", eu disse de mansinho, mas comecei a duvidar de mim mesma. Fiquei estarrecida com o fato de ele ter feito pouco caso do meu plano de vida e comecei a entrar em pânico. *E se ele estiver certo? E se no fim das contas eu realmente acabar sem nada?*

Ele fez uma pausa e se virou, descendo silenciosamente de volta para a cozinha. Fui atrás, descalça e usando meu conjunto de lingerie. Ele espalhou as polaroides na mesa e coçou a cabeça, inspecionando-as. Eu dei uma olhada nas fotos por sobre o ombro dele. "Estão meio que... monótonas e engessadas", ele disse, suspirando. "Talvez tirar o batom vermelho, bagunçar esse cabelo?" Ele acenou para a maquiadora e foi até o balcão abrir outra garrafa de vinho, servindo novas taças para ele e para mim. A maquiadora esfregou as unhas rudemente no meu couro cabeludo, soltando meus cachos. Eu podia sentir a queimação ácida da bebida no meu peito enquanto subíamos as escadas.

Ele estava de costas para mim quando disse: "Vamos tentar nua agora".

Eu já tinha sido fotografada sem roupa algumas vezes antes, sempre por homens. Vários fotógrafos e agentes tinham me dito que o meu corpo era uma das coisas que me destacavam entre as outras modelos. Meu corpo parecia um superpoder. Eu ficava confiante nua – sem medo e orgulhosa. Mas ainda assim, no momento em que soltei minhas roupas no chão, uma parte de mim se dissociou. Comecei a flutuar fora de mim mesma, observando enquanto eu voltava a subir na cama. Arqueei as costas e enrijeci os lábios, me concentrando na ideia de como eu deveria estar através das lentes da câmera dele. O flash era tão brilhante e eu tinha tomado tanto vinho que pontos pretos gigantes estavam começando a se formar e a flutuar diante dos meus olhos.

"*iCarly*", disse Jonathan, sorrindo malicioso enquanto fotografava. Só a boca dele estava visível, o resto do rosto eclipsado pela câmera. Aquele era o nome da série da Nickelodeon da qual eu tinha participado em dois episódios quando estava no colégio.

Voltei a vestir minha lingerie e descemos as escadas, Jonathan na frente, segurando as polaroides antes de colocá-las na mesa da cozinha. Meu rosto estava quente por causa do vinho e minhas bochechas brilhavam e latejavam. Ele estava animado escrutinando as fotos, segurando uma bem perto do rosto antes de soltá-la novamente.

"Sabe, pensei que você fosse maior. Uma garota forte", disse ele, franzindo a testa enquanto apanhava outra polaroide para inspecionar. Ele disse que quando tinha me procurado no Google antes de nos encontrarmos, tinha visto um ensaio em particular que o deixara com essa impressão.

"Sabe, ossos largos. Gordura." Ele abriu um meio sorriso.

"É, não", eu disse, rindo. "Eu sou, tipo, muito, muito pequena."

Eu sabia a que fotos ele estava se referindo, bem do início da minha carreira. Eu odiava aquelas fotos e odiava o modo como tinha me sentido quando posei para elas. Odiava o jeito como o estilista tinha feito comentários sobre o meu corpo, dizendo que eu nunca poderia ser modelo de passarela. Eu também sabia, embora nunca tivesse admitido, que me preocupava menos com o meu peso na época daquele ensaio. Era mais livre. Desfrutava mais da comida e não pensava tanto no formato da minha bunda. Eu não precisava; não estava contando muito com a carreira de modelo.

Beberiquei meu vinho. "Como vai ser a próxima foto?"

O tempo se dobrava no brilho das lâmpadas amarelas acolhedoras da sala de estar de Jonathan, a lingerie vintage sobre as poltronas antiquadas de estampa floral. Conforme a noite avançava, eu ia ficando suada, exausta e com a vista turva. Mas ainda estava determinada. Eu gostava de olhar as primeiras polaroides que Jonathan tirava com cada novo "look" e acertar a minha pose e o meu corpo antes de continuarmos. Eu pude senti-lo se eriçar quando exclamei: "Ah, gostei dessa!".

"Mas esta aqui", disse ele, segurando a pilha de polaroides junto do peito e sacudindo uma para que eu desse só uma olhada rápida. "Esta aqui está muito melhor por causa dos seus mamilos. Seus mamilos mudam demais de duros para moles. Mas eu gosto quando eles estão gigantes", disse, desbloqueando o telefone para me mostrar uma pinup vintage, uma mulher com mamilos enormes. "Eu adoro quando eles são gigantes", ele me disse. "Gigantes e exagerados." Ele olhou de volta para o telefone e os cantos da boca dele se arquearam de leve. Eu não disse nada e assenti com a cabeça, confusa, mas de alguma forma sentindo que ele queria me insultar. Senti meu estômago revirar.

Eu não fazia ideia de que horas eram quando a maquiadora anunciou que estava indo dormir. Não consigo me lembrar se já tínhamos parado de fotografar e estávamos só olhando as imagens juntos ou o quê. Tenho certeza de que ela estava de saco cheio da minha pose com Jonathan. Eu me lembro de como ela suspirou quando deu as costas para mim e desapareceu. Fiquei tensa quando sua presença se dissolveu da sala de estar. Eu estava irritada por ela ter me deixado, mas não queria admitir para mim mesma que a presença dela fazia diferença. *Posso lidar com ele sozinha*, pensei. *Ela cortava a onda, de qualquer jeito.* Eu me sentei mais ereta. Comecei a falar mais rápido e mais alto. Tinha tanto vinho doce dentro de mim que me sentia bem acordada, embora muito, muito bêbada.

A próxima coisa de que me lembro é de estar no escuro.

As luzes amarelas tinham sido apagadas e eu estava com frio, tremendo e encolhida debaixo de um cobertor. Jonathan e eu estávamos no sofá dele, e a textura áspera de sua calça jeans roçava nas minhas pernas nuas. Ele estava me perguntando sobre os meus namorados. Minha boca estava seca, mas eu lembro de que ainda estava falando muito – sobre meu histórico de namoros, que caras eu realmente tinha amado, quais não tinham feito diferença. Enquanto eu falava, esfreguei distraidamente os pés um no outro e junto aos dele para me aquecer. Ele me disse que gostava "dessa coisa que você está fazendo com o pé", e eu me lembro desse momento com mais clareza do que todo o resto. Eu odeio que Jonathan tenha comentado sobre algo que fiz ao longo da minha vida inteira para me confortar. Odeio que às vezes, até hoje, quando esfrego os pés porque estou com frio, com medo ou exausta, eu pense em Jonathan.

A maior parte do que aconteceu depois foi um borrão, exceto pela sensação. Não me lembro de termos nos beijado, mas me lembro dos dedos dele de repente dentro de mim. Cada vez mais forte e mais forte e empurrando e empurrando como se ninguém tivesse me tocado antes ou tivesse me tocado desde então. Eu podia sentir minha forma e os meus sulcos, e doeu muito, mesmo. Eu levei a mão instintivamente até o pulso dele e tirei os dedos dele de mim com força. Não disse uma palavra. Ele se levantou abruptamente e correu em silêncio escada acima para o escuro.

Toquei minha testa com a palma da minha mão fria e inspirei pelo nariz. Senti a textura cerdosa do velho sofá nas minhas costas. Meu corpo estava dolorido e frágil, e fiquei acariciando partes de mim mesma com o dorso da mão – meus braços, minha barriga, meus quadris – talvez para acalmá-las ou talvez para me certificar de que elas ainda estavam lá, ligadas a todo o resto. Minhas têmporas latejavam de tanta dor de cabeça, e minha boca estava tão seca que eu mal conseguia fechá-la.

Eu me levantei com cuidado, pressionando os pés descalços contra as tábuas do assoalho. Subi as escadas de madeira e entrei no quarto onde tínhamos fotografado no início da noite, então me deitei nos lençóis floridos e finos. Eu tremia incontrolavelmente. Estava confusa sobre por que Jonathan tinha saído sem dizer uma palavra e com medo de que ele voltasse. Procurei ouvir algum sinal dele enquanto observava a luz azulada do amanhecer despontar pela janela. Pensei na filha de Jonathan. *Será que ela costuma dormir nesta cama?*, me perguntei.

Mais tarde naquela manhã, acordei com uma ressaca brutal. Vesti rápido as roupas que estava usando no dia anterior e percebi que minhas mãos estavam tremendo. No andar de baixo, Jonathan estava fazendo café e a maquiadora já estava de pé, vestida e sentada debruçada sobre uma caneca. Jonathan não reagiu muito à minha chegada. "Quer café?", ele perguntou. Minhas têmporas latejavam. "Claro", eu disse sem entusiasmo, abrindo o Instagram. Jonathan tinha postado uma das polaroides da noite anterior.

Ele tinha colocado na legenda simplesmente *"iCarly"*.

Foi só quando me sentei no ônibus de volta para a cidade que me dei conta de que Jonathan não tinha me reembolsado a passagem.

Poucos meses depois, minha agente recebeu a revista pesada e em formato grande com as polaroides impressas nas páginas. Das centenas que fotografamos, apenas um punhado tinha sido incluído, sobretudo aquelas em preto e branco.

Algumas estavam entre as que eu tinha indicado a Jonathan que eram as minhas preferidas na noite da sessão. Fiquei aliviada ao ver que ele havia feito uma edição de bom gosto, e cheguei a pensar que ele poderia ter escolhido as imagens que lembrava de eu ter dito que gostava. Anos se passaram, e eu guardei as imagens e Jonathan em algum lugar bem no fundo da minha memória. Nunca contei a ninguém o que tinha acontecido e tentei não pensar naquilo.

Alguns anos depois da sessão de fotos, recebi um telefonema de uma renomada revista perguntando se eles podiam ajudar a promover meu novo livro de fotos.

"Que livro?"

Àquela altura, eu já tinha aparecido em *Garota exemplar*, de David Fincher, e em capas de revistas internacionais. Quando saiu a notícia de que um livro com o meu nome estava sendo vendido – a capa era toda branca e dizia apenas "EMILY RATAJKOWSKI" em letras pretas e grossas –, diversos meios de comunicação me procuraram diretamente, pensando que estavam sendo generosos ao oferecer apoio a um novo projeto meu.

Confusa, procurei meu nome na internet. Lá estava: *Emily Ratajkowski*, o livro, a oitenta dólares. Algumas imagens tinham sido postadas no Instagram de Jonathan e estavam entre as polaroides mais reveladoras e vulgares que ele tinha tirado de mim.

Eu estava lívida e exaltada. Novos artigos sobre o livro, acompanhados de imagens, brotavam de hora em hora. Meus dedos foram ficando dormentes enquanto eu lia os comentários de usuários ávidos na página de Jonathan. Seus seguidores estavam disparando, assim como os seguidores da @imperialpublishing, uma "editora" – constatei depois de uma breve pesquisa – que Jonathan havia pessoalmente custeado e criado apenas com o propósito de fazer aquele livro.

Eu me perguntei que tipo de prejuízo aquilo causaria à minha carreira de atriz. Todo mundo tinha me dito para agir mais reservadamente e evitar ser "sexy" para ser levada a sério, e agora um livro inteiro com centenas de imagens minhas, dentre as quais as mais comprometedoras e sexuais já tiradas, estava sendo vendido. E pelo que estavam dizendo na internet, muita gente acreditava que a situação toda era iniciativa minha. Afinal de contas, eu tinha posado para as fotos.

Minha advogada enviou notificações extrajudiciais: uma para a editora improvisada de Jonathan e outra para uma galeria no Lower East Side que tinha anunciado que faria uma exposição das polaroides. Minha advogada argumentou que Jonathan não tinha o direito de usar as imagens para além do propósito acordado. Quando aceitei fotografar com Jonathan, eu tinha concordado apenas que as fotos fossem impressas na revista a que se destinavam. A galeria respondeu indo ao *New York Times* e afirmou ao jornal que tinha uma autorização assinada por mim. Naquela época, eu já não trabalhava mais com a minha agente, que tinha deixado o ramo, mas, ao ler aquilo, liguei para ela em pânico.

"Eu nunca assinei nada. Você assinou?", perguntei, tentando recuperar o fôlego. É bastante comum que os agentes assinem autorizações em nome das modelos (uma prática bastante inaceitável), mas eu sabia que ela não era descuidada. Só que foi ela que me mandou para a casa de Jonathan. De repente, fiquei apavorada. Se eu não tinha sido protegida em minha sessão de fotos com Jonathan, o que isso significava para todos os outros milhares, talvez milhões, de fotos minhas que haviam sido tiradas ao longo dos anos? Comecei a relembrar os incontáveis ensaios que havia feito no início da minha carreira. Tinham se passado apenas dois anos do vazamento do 4chan. Eu me vi tocando o ponto do meu couro cabeludo onde meu cabelo tinha caído.

"Vou verificar o meu antigo servidor de e-mail", ela prometeu. "Mas tenho quase 100% de certeza de que não assinei nada."

No dia seguinte, ela me encaminhou um e-mail enviado nos dias posteriores à sessão de fotos, no qual a agência solicitava a assinatura de Jonathan na autorização da modelo. Ela escreveu que não tinha encontrado um e-mail em resposta com a autorização assinada por ele. "E eu também não assinei nada do que ele enviou!!!", ela escreveu. A autorização não existia.

Quando meu advogado ligou para o *New York Times* para informar ao jornal que os documentos que Jonathan e a galeria alegavam ter não existiam, ele foi informado de que Jonathan tinha "fornecido uma cópia da autorização" assinada pela minha ex-agente. Fiquei chocada. Meu advogado e eu telefonamos no dia seguinte para a agente, que tinha certeza de que não tinha assinado. "Deve ter sido falsificada", anunciou meu advogado. Senti minha frustração crescer. Eu sabia que nunca tinha assinado nada; eu nunca tinha concordado com nada. Ninguém tinha me perguntado nada.

"O que eu posso fazer?", perguntei de novo, numa voz mais fraca. Eu ainda tinha fé no sistema, um sistema que eu acreditava que tinha sido criado para proteger as pessoas desse tipo de situação.

O problema da justiça, ou até da busca pela justiça, nos Estados Unidos é que custa dinheiro. Bastante. Pelos quatro dias de notificações e ligações para os quais eu havia contratado os serviços do meu advogado, recebi uma conta de quase 8 mil dólares. E embora eu de fato tivesse fama, não dispunha da quantia de dinheiro que dissera a Jonathan que esperava ter um dia. Tinha ouvido de amigos que ele era um cara rico que nunca precisara de um salário na vida. Meu pai era professor do ensino médio; minha mãe era professora de inglês. Eu não tinha ninguém na minha vida que apareceria para me ajudar e arcar com os custos.

No dia seguinte, meu advogado me informou, em outra ligação que seria cobrada, que seguir em frente com o processo, despesas à parte, seria inútil. Mesmo se "ganhássemos" no tribunal, o resultado seria eu ficar com os livros e talvez, com alguma sorte, exigir uma porcentagem dos lucros.

"E agora as fotos já foram divulgadas. Você sabe como é a internet", ele me disse, pragmático.

Eu assisti a *Emily Ratajkowski* esgotar e ser reimpresso uma, duas e três vezes. "Reimpressão em breve", Jonathan anunciava em seu Instagram. Eu tuitei sobre como aquele livro era uma violação, sobre como Jonathan estava usando e abusando da minha imagem para obter lucro sem o meu consentimento. Na cama, sozinha, eu rolava a tela com o polegar para ver as respostas.

Eles eram implacáveis.

"Usando e abusando? Esse é só um caso de uma celebridade querendo chamar mais atenção. É exatamente isso que ela quer."

"Você sempre pode ficar vestida, e então não vai ter problemas desse tipo", escreveu uma mulher.

"Não sei que interesse ela teria em não deixar seus fãs verem essas polaroides", disse Jonathan em uma entrevista. Tive vontade de desaparecer, de evaporar. Minhas entranhas doíam. Criei um novo hábito de dormir durante o dia.

A galeria no Lower East Side fez uma inauguração para a exposição das fotos que Jonathan tinha tirado de mim, e eu procurei na internet fotografias do evento. Meu nome estava escrito na parede em letras pretas. O lugar estava tão lotado que tiveram que manter a porta aberta para a multidão ocupar a calçada. Vi fotos de homens de perfil, segurando cervejas e vestindo jaquetas hipster, parados a centímetros de minhas fotos nua, as posturas curvadas e os chapéus fedora idiotas tombados para trás enquanto eles absorviam as imagens bem emolduradas. Eu não conseguia acreditar que tanta gente tivesse ido, apesar do meu protesto bastante público. Falar sobre as imagens só tinha atraído mais atenção para a exposição, o livro e Jonathan. Bloqueei no Instagram todo mundo que estava envolvido, mas não me permiti chorar. Quando alguém mencionava o livro ou a exposição para mim, eu apenas balançava a cabeça e dizia baixinho: "tão doente", como se estivesse falando sobre a vida de outra pessoa. (Quando o responsável por checagem com quem trabalhei neste texto entrou em contato com Jonathan para falar sobre o que tinha acontecido naquela noite após a filmagem, ele disse que minhas alegações eram "vulgares e infantis demais para merecer resposta". E acrescentou: "Você sabe de quem estamos falando, não é? Essa é a garota que apareceu nua na revista *Treats!* e que ficou saltitando pelada no clipe do Robin Thicke na mesma época. Você realmente quer que alguém acredite que ela é uma vítima?".)

Anos se passaram, e Jonathan lançou um segundo livro com imagens minhas, depois um terceiro. Ele fez outra exposição na mesma galeria. Ocasionalmente, eu procurava o nome dele na internet; sentia quase como se estivesse verificando como estava uma parte de mim, a parte de mim que ele então possuía. Durante anos, enquanto eu construía a minha carreira, ele mantinha aquela Emily nas gavetas da velha casa rangente dele, esperando para degradá-la. Era inebriante ver o que ele havia feito com a parte de mim que tinha roubado.

Encontrei uma nova e longa entrevista com ele e fiquei com o peito apertado quando vi a manchete: "Jonathan Leder revela detalhes de sua sessão de fotos com Emily Ratajkowski (conteúdo sensível)". O artigo começava com ele descrevendo como acabamos por fazer o ensaio. Ele deu um jeito de fazer parecer que ele era um fotógrafo requisitado e eu uma modelo qualquer que estava desesperada para que ele a fotografasse. "Já tinha trabalhado com mais de quinhentas modelos àquela altura da minha carreira", disse ele. "E posso te dizer que Emily Ratajkowski foi uma das modelos mais à vontade com o próprio corpo com quem já trabalhei. Ela não era nada tímida ou inibida. Dizer que ela gostava de ficar nua chega a ser um eufemismo. Não sei se isso a empoderava ou se ela gostava da atenção."

Eu me senti zonza enquanto me perguntava a mesma coisa. Como é se sentir empoderada de verdade? É se sentir desejada? É ter a total atenção de alguém? "Conversamos muito sobre música, arte, o ramo e o processo criativo", Jonathan disse na entrevista. "Era muito agradável conversar com ela, ela era muito inteligente, articulada e culta. Isso, mais do que qualquer coisa, na minha opinião, a diferencia de tantas outras modelos." Eu me senti no tapete da sala de estar de Jonathan, a textura roçando na minha pele enquanto posava e falava sobre trabalhar com arte, e senti uma forte pontada de vergonha. Prometi a mim mesma que não ia mais procurar saber dele.

No final de 2020, Jonathan publicou mais um livro de fotos, de capa dura desta vez. Fiquei na minha cozinha muitas vezes olhando para mim mesma na grande obra de Richard Prince, pensando se devia vendê-la e usar o dinheiro para abrir um processo. Eu poderia tentar obrigá-lo a interromper a produção dos livros; eu poderia enredá-lo em uma disputa judicial que esgotaria nós dois, mas não estou convencida de que gastar mais dos meus recursos com Jonathan seria usar bem o meu dinheiro. Em algum momento, Jonathan vai ficar sem polaroides "inéditas", mas vou continuar sendo a verdadeira Emily; a Emily que é a dona da Emily que virou arte de prestígio, e também a que escreveu este texto. Ela vai continuar a conquistar controle onde puder encontrá-lo.

Pamela

S estava atrasado, como sempre.

No primeiro mês em que saímos juntos, S anunciou que se certificaria de que eu sempre soubesse onde ele estava. Ele segurou o iPhone na palma da mão, a tela voltada para mim de modo que eu pudesse ver. Pressionou meu contato e com um clique intencional e animado apertou "Compartilhar localização".

"Viu?", ele disse. "Nada de segredos."

A partir de então, sempre que eu abria o mapa no meu telefone, a imagem de S aparecia em um pequeno ícone na tela.

Aquele gesto tinha me surpreendido. De todas as coisas que eu queria saber sobre S, a localização exata dele a qualquer momento do dia estava bem no final da lista. Ainda assim, encarei aquilo como um presente, um sinal de sua disposição em *dividir* de modo mais geral: sua vida, suas emoções, suas experiências.

Quase três anos depois, eu me pegava muitas vezes usando a localização compartilhada para ter ideia de quando ele *realmente* chegaria para me encontrar, já que as estimativas que ele mesmo fazia costumavam estar erradas.

S nasceu e foi criado em Nova York e não tinha experiência dirigindo nas estradas e no tipo de trânsito de Los Angeles.

"Só não esquenta a cabeça tentando chegar a qualquer lugar entre as três e meia da tarde e as oito da noite, tá?", expliquei.

"Tá bom", ele disse, colocando os óculos escuros e me dando um beijo rápido. "Eu te mando uma mensagem quando terminar o meu dia." S sempre parecia estar tentando fazer coisas demais quando estávamos em Los Angeles. Eram reuniões demais, telefonemas demais, trânsito demais.

Era bobagem, na verdade, que ele estivesse voltando para casa, no Eastside de Los Angeles, do Westside, já que a festa também era no Westside e a gente já estava atrasado. Dei uma olhada na localização de S. Ele ia levar pelo menos mais uma hora e, depois de mandar "você vai se atrasar muito, pra caramba, mesmo" por mensagem, resolvi me arrumar sem pressa alguma. Enchi uma grande taça de vinho tinto, tomei banho e enrolei o cabelo em uma toalha. Fiz dois traços largos de delineador como asas nos cantos dos olhos, contornei minha boca de malva-escuro, passei gloss hipergrudento nos lábios e coloquei um vestido tomara que caia preto que se colava propositalmente à minha bunda.

Eu queria usar uma bota ou algo bem casual nos pés, já que aquela festa tinha sido organizada pela agência de S, não pela minha. Eu não gostava da ideia de estar muito bem-vestida ou sexy demais em meio a um monte de gente que, eu sabia, me trataria como uma beldade, não importava o que eu usasse. Mas não consegui encontrar um sapato que ficasse bom com a bainha do vestido tubinho, então desisti e coloquei saltos com tiras que cruzavam dando voltas nos meus tornozelos e panturrilhas. Machucava, mas depois de enviar fotos por mensagem para algumas amigas, concluí que aquela era a minha melhor opção.

Assim que terminei de me olhar no espelho, tirei os saltos e me deitei na cama. Eu sabia que a roupa era mais sexy do que eu tinha planejado, mas era como se fosse uma espécie de seguro para aquela festa da indústria cinematográfica. Me arrumar e desempenhar o papel que todo mundo esperava de mim era confortável. *Uma garota bonita deve estar bonita, não é? Eu pensei. Pior que ser beldade é ser invisível, certo? Certo?* Nicki Minaj tocava alto no meu telefone. "*Got a bow on my panties cause my ass is a present*",[9] ela cantava.

---

9 Tenho um laço na calcinha porque a minha bunda é um presente. [N. T.]

Agora que estou pronta, posso até tirar umas selfies. Baixei o queixo, ergui o telefone, dei uma olhada em como eu estava na tela e saí clicando. Uma mensagem de S apareceu no alto da minha imagem: "Quinze minutos, amor! O trânsito estava uma loucura".

Eu o ignorei jogando a mensagem para cima com o dedo. Selecionei uma das selfies e a postei no Instagram. "All dressed up, no place to go"[10], digitei e larguei o telefone do meu lado. Fiquei olhando para o teto enquanto Nicki continuava cantando o rap.

S chegou uns minutos depois, todo carinhoso e com um sorriso que enrugava seu rosto. Olhei para ele, irritada, enquanto ele subia na cama ao meu lado. "Você está uma hora e meia atrasado, idiota. É grosseiro." Nós já tínhamos tido essa conversa inúmeras vezes antes, e eu não aguentava mais repeti-la. *E quem liga, no fim das contas? Eu me diverti enquanto me arrumava*, pensei. Além disso, ele estava ali, antes atrasado do que nunca, com um cheiro de suor gostoso e sorrindo para mim, pronto para me amar. Por que fazer um escarcéu por causa disso antes de uma festa em que a gente estaria cercado por centenas de pessoas? Eu queria que a gente se sentisse conectado e talvez até se divertisse um pouco, se não fosse pedir demais. *Deixa pra lá*, eu disse a mim mesma.

"Desculpa mesmo, tá? É sério. Calculei mal o tempo. Mas estou aqui agora e queria voltar para casa para te ver e... ficar um tempinho com você", S disse, levantando meu vestido sem tirar os olhos do meu rosto. Ele beijou meu nariz, e eu dei uma risadinha e fiz uma careta. "Grosso!", eu disse, e S riu e começou a descer pelo meu corpo.

"Estou tão feliz de te ver", disse ele, e parecia tão genuíno que não pude deixar de me sentir tomada por uma onda de amor.

---

10   Toda arrumada, sem ter para onde ir. [N. T.]

Mais tarde, S estava deitado na minha barriga e eu envolvi a cabeça dele com os braços, observando os cachos dele subirem e descerem com a minha respiração. Por fim, ele se levantou e foi ao banheiro, e eu calcei de volta os meus saltos. Saímos, desligando as luzes e acionando o alarme, e eu coloquei um trench coat de couro marrom por cima do vestido. "Só não quero passar frio", disse a mim mesma.

A festa que a agência de S estava promovendo era em uma casa grande e luxuosa que pertencia a um antigo Beatle. Logo que começamos nosso relacionamento, eu dissera a S que odiava festas como aquela. E ele me dissera que odiava agentes. "Eles não têm talento e não fazem nada, e, argh... são os piores." Mesmo assim, tive dificuldade em entender a atitude dele em relação à indústria cinematográfica. Eu o via atender a ligações com os fones de ouvido sem fio, rindo e fumando seu cigarro eletrônico Juul, e me perguntava: ele tinha sido seduzido por Hollywood ou estava só jogando o jogo para ser bem-sucedido? A voz que ele usava naquelas ligações de trabalho era desconhecida para mim; até a risada dele ficava diferente. A ideia de que ele podia realmente *gostar* do clubinho de agentes, produtores e atores me incomodava. Eu me surpreendi com a repulsa que sentia às vezes quando o via trabalhar. *Ou será que ele só está sendo bom no trabalho dele?* Eu não tinha certeza.

Na corrida de táxi até lá, eu estava inquieta. "Ei", falei para S. "Não me deixa sozinha esta noite. Tipo, obviamente, a gente pode ter várias conversas separados, blá-blá-blá. Mas só, tipo, quando a gente estiver circulando? Sabe?" Coloquei a mão no joelho dele.

"Tá, claro", S respondeu, me dando um beijo na boca. "Sem problemas." Ele estava bonito, usando um moletom de gola redonda e botas pretas da Timberland, o cabelo caindo no rosto no comprimento ideal que ressaltava sua mandíbula marcada.

Uma noite, anos atrás, antes de S e eu começarmos a sair, ele encontrou comigo e um grupo de amigos meus numa festa em um hotel. "Aparece, fica um pouco por aqui", eu me lembro de ter mandado essa mensagem para ele. Tinha sido tudo casual, mas eu sabia como gostara dele no segundo em que ele passou pela porta. Ele também estava usando botas pretas da Timberland, as mesmas que usou no cartório quando nos casamos.

Eu tinha bebido bastante naquela noite e estava me sentindo leve e borbulhante de um jeito bom. Mesmo que não trocássemos muitos olhares, eu sempre sabia onde S estava. Conseguia sentir a atenção dele em mim, mesmo quando dava uma olhada furtiva e o pegava voltado bem para a frente, falando com outra pessoa. Eu estava balançando os quadris no ritmo da música, sabendo que S estava observando, quando um cara apareceu e pediu para tirar uma foto comigo. "Claro!", eu disse, me curvando para pousar minha bebida. Ele era magro e tinha sotaque. Para mim, era um turista europeu.

Nunca gostei de como os caras davam sempre um jeito de encostar em mim quando tiravam fotos comigo, mas eu já estava acostumada, então não tenho nem certeza se sequer me encolhi quando senti os dedos do cara envolverem o outro lado do meu corpo descoberto. Minha postura era: *fala para eles não encostarem a mão em você e isso vai fazer com que toda a interação dure mais, então por que não acabar logo com isso de uma vez?*

"Ei, nada de encostar", ouvi S dizer atrás de nós. Eu me virei para vê-lo, recostado em um sofá. Ele balançou o dedo e franziu o cenho.

"Foi mal", o cara disse, tirando as mãos do meu corpo na hora. Eu nunca tinha estado com um homem que interviesse daquele jeito antes. Meu namorado antes de S nunca intervinha quando alguém me abordava ou me tocava. Eu presumia que a intenção dele era ser respeitoso, mostrando que sabia que eu dava conta de lidar com aquele tipo de situação sozinha, algo de que sempre achei que eu gostasse. Mas naquele momento, observando S, todo relaxado, mas assertivo, dizendo àquele cara para ficar na porcaria do lugar dele, eu pensei: *Uau, nossa, isso é legal.*

Nos anos seguintes, ficamos juntos e nossas carreiras mudaram. O filme que S tinha produzido havia pouco fora bem recebido pela crítica e teve uma boa bilheteria. As pessoas escreveram artigos a respeito do rumor sobre o Oscar e, quando o filme foi desprezado, diretores importantes que S admirava tuitaram com raiva sobre a "injustiça da Academia". Quando fotos de nós dois tiradas por paparazzi eram publicadas, eles descreviam S como "um produtor de sucesso" e às vezes até linkavam um trailer do filme dele. Era tudo pelo que S vinha trabalhando havia mais de dez anos, e eu estava orgulhosa dele.

Eu, por outro lado, tinha decidido parar de atuar, pelo menos por ora. Tinha feito testes para apenas dois papéis em dois anos, uma fração mínima do número de testes que eu fazia quando tínhamos começado a sair. "Só quero estar em projetos que eu possa produzir ou de que possa participar em uma esfera criativa", eu dizia para todo mundo, o que era verdade, mas também era verdade que eu já não sabia que raios eu queria de Hollywood.

Ninguém na indústria sabia por que eu tinha parado de atuar, e a maioria das pessoas presumiu que não tivesse sido por escolha própria. Não era possível que atrizes e modelos pudessem desejar outra coisa, elas imaginavam. Toda mulher quer ser rica e famosa por ser desejável. Eu não podia culpá-las por pensar daquele jeito. Poxa, eu mesma tinha pensado assim quase o tempo todo quando estava na casa dos vinte anos.

Apesar da minha lógica, me incomodava que as pessoas naquela festa me encarassem como se eu fosse um fracasso ou nada além de uma gostosa. Mesmo considerando-as imbecis, eu me sentia frustrada por ter perdido o respeito delas. Em um bom dia, eu chamava de machistas as pessoas que condenam mulheres por monetizar seus corpos. Em um dia ruim, eu odiava a mim mesma e o meu corpo, e cada decisão que eu tinha tomado na vida parecia um erro evidente. Mas, sobretudo, eu sabia que era uma pessoa inteira e complexa, com pensamentos e ideias e coisas que eu desejava criar e dizer. Eu queria tão desesperadamente provar que todas aquelas pessoas estavam erradas. Só não tinha tido a chance ainda.

Eu gostava de estar no controle e tinha aprendido que o controle de uma atriz é limitado. Também era verdade que havia algum tempo eu vinha lutando contra uma depressão séria, que era, pelo menos em parte, resultado de anos me tornando palatável para o mesmo tipo de homem com quem S agora dava risada ao telefone. Minha empresa estava crescendo e meu trabalho como modelo continuava a pagar as contas. Eu tinha começado a fazer terapia duas vezes por semana e a pensar em mim como escritora. Eu sabia que a fama não era tudo o que eu tinha imaginado que seria — sem dúvida não tinha feito eu me sentir poderosa da maneira que imaginei que faria. Não estava claro o que Hollywood poderia oferecer que me faria sentir realizada e, simplesmente, feliz. Eu queria me retirar daquele mundo de alguma forma, mas era o mundo em que meu marido estava apenas começando a tomar pé.

Então lá estava eu, desolada, mas tentando fazer o meu melhor para desempenhar o papel de esposa solícita. Eu queria desesperadamente que S e eu pudéssemos rir juntos de toda a besteirada que aquela festa representava, mas eu sabia que não estávamos completamente alinhados.

Descemos do táxi na casa do antigo Beatle e entramos no saguão de mármore resplandecente. Modelos que eu conhecia desfilavam em vestidos transparentes brilhantes e escarpins de saltos de doze centímetros, sorrindo e cumprimentando com um aceno, o cabelo e a maquiagem arrumados por profissionais. S e eu fomos entrando na festa, de mãos dadas; ele manteve a mão direita livre e a estendia para os inúmeros homens de terno que o cumprimentavam com variações entre "E aí, cara?" e "Ei, parabéns, cara". Eu sorria. Deixando meu complicado relacionamento com a indústria de lado, eu sentia uma espécie de orgulho de S transitando por uma sala cheia de pessoas que, dois anos antes, não lhe teriam devotado o mesmo reconhecimento. Devia ser bom. Ele tinha dedicado anos da sua vida àquele filme – fins de semana, noites e longos dias. Acompanhá-lo por todo o processo me ensinou algo sobre paciência e trabalho duro.

S nos guiou para um canto onde seus sócios e alguns outros amigos estavam. Mantive o casaco preso com um nó apertado em volta da cintura, o vestido tubinho coberto. Eu me acomodei encostada em um banquinho alto, com os pés já doendo, e ficava entrando e saindo de uma conversa que S estava tendo com um músico indie, tomando goles da minha tequila diluída com soda e chupando gomos de limão. Eu estava começando a ficar com dor de cabeça. *Não devia ter vindo com essa sandália*, pensei. E então, *E o que é mais uma noite de salto? Você já fez isso antes e vai fazer de novo.*

S, concentrado em sua conversa, não estava prestando muita atenção em mim. A música estava alta, tornando quase impossível ouvir qualquer coisa sem alguém chegar perto demais do seu rosto. Observei o músico se inclinar no ouvido de S, balançando a cabeça e gesticulando. Como eu devo ter parecido patética para ele, pensei, meio sentada em um banquinho, sem nada para dizer. *Fazendo exatamente o que ele espera da esposa modelo*, pensei. *Eu não devia ter vindo.*

Três horas se passaram. Eu tinha tirado umas tantas selfies e tido conversas educadas e forçadas para uma vida inteira.

"Então, em que você está trabalhando?", perguntavam, sorrindo.

"Estou tentando escrever um livro, na verdade", eu dizia.

"Oi?" Eles aproximavam o ouvido da minha boca e apertavam os olhos, procurando se concentrar.

"Um livro", eu repetia. "Estou escrevendo um livro." E eles recuavam para examinar meu rosto, pensando antes de voltar a falar.

"Tipo, você mesma? Você é que está escrevendo?"

"Sim!" Eu dava de ombros como se dissesse: *Uma loucura, né? Euzinha! Vai saber.*

"Bem, isso é... legal." Em seguida, uma exclamação de alívio: "Ah, estou *adorando* o que vocês estão fazendo com os biquínis! Parece que estão arrasando!".

"Obrigada mesmo", eu dizia, inclinando a cabeça para a frente em uma pequena reverência. "Significa muito mesmo."

"Vou dar uma voltinha." Um de nós encerrava a conversa e eu me afastava, só para ter uma conversa parecida com outra pessoa.

Eu estava cansada. Na pista de dança, alguns homens de camisa branca e gravatas frouxas estendiam os braços e se mexiam de um lado para o outro, observando os colegas se moverem em círculos. Eu não estava bêbada o bastante para aquilo. Além do mais, não queria ter de tirar o casaco e podia sentir meus pés inchando dentro das tiras de couro das sandálias. S estava entre uma conversa e outra.

Eu me aproximei dele. "Como é que você está?", eu disse. "Sabe, já faz um bom tempo que a gente está aqui e é quase uma da madrugada." Olhei em volta como se estivesse observando o lugar pela primeira vez. "Está sem dúvida esvaziando", eu disse.

"Tá bom, tá bom." Ele estava bêbado, dava para ver. "A gente pode dar um oi para a Miley e o empresário dela? Ele disse para a gente falar com eles antes de irmos embora."

Eu suspirei.

"Eles estão bem ali", disse S, a voz ficando mais alta, enquanto apontava para o outro lado da sala. "Vamos lá."

A maioria das caras conhecidas tinha ido embora, e o lugar parecia descuidado e desvirtuado da maneira que as salas ficam quando todo mundo que está no lugar tomou bebida forte demais. Senti os olhos dos homens em mim enquanto nos deslocávamos no meio da multidão. "Desculpa", eu dizia enquanto seguíamos. "Licença." Eu mantinha a cabeça baixa.

Quando S avistou Miley, a mão dele deixou a minha e ele seguiu alguns passos à minha frente. Com os pés doendo, eu não conseguia acompanhá-lo, ou talvez não quisesse. Naquele momento, duas mãos quentes e úmidas tocaram as minhas costas.

"Emma!"

Eu me virei e dei de cara com um homem de sobrancelhas grossas e pretas parado à minha esquerda. À minha direita estava a cara suada e ávida de um homem loiro. Eu estava cercada. Outra pessoa esbarrou em mim. Um líquido gelado caiu nos meus dedos dos pés descobertos.

"A gente pode tirar uma foto?", o loiro perguntou, já estendendo sua câmera digital. "Claro", eu disse quando o flash disparou e tentei abrir um sorriso rápido e educado.

"Valeu, Emma!", ele disse. S estava a uns três metros dali agora, falando, sorrindo abertamente, gesticulando muito. Fiquei furiosa; eu estava exausta, com raiva e a cabeça e os pés latejando. *Não vou ficar indo atrás dele*, decidi, e segui para o outro lado do bar, onde tinha visto um amigo de S que tinha trabalhado no filme dele.

"Oi, Nate", cumprimentei, imaginando S procurando por mim com o olhar. *Ele que se exploda*, pensei. *Ele que venha atrás de mim.*

Alguns minutos passaram e senti a mão de S em meu cotovelo. Eu me virei, o olhar severo. Algo inchou dentro de mim. Senti como se pudesse dar um murro nele ou começar a chorar.

"Aonde você foi?", ele perguntou, incomodado.

"*Você*", enfatizei, "me deixou. Eu não *fui* a lugar algum."

Ele balançou a cabeça, desacreditando, sua raiva se juntando à minha. Ele lançou as mãos para cima.

"Ah, para com isso, Emily! Não foi isso que aconteceu." Ele parecia quase exaltado. Eu inspirei o ar quente e cerrei os dentes.

"Não. Eu estava andando atrás de você e dois idiotas me agarraram. E você, merda, nem parou para olhar para trás e continuou correndo até a droga da Miley Cyrus. Tive que tirar fotos com esses caras e eles encostaram as mãos nas minhas costas e eu te pedi só uma coisa. Eu só pedi para você não me deixar sozinha, droga."

"Você poderia ter dito que não queria tirar foto! Eu estava a um metro de você, Emily, merda."

"Você não estava a um metro. Você estava do outro lado da sala falando oi para a Miley Cyrus."

"É! E ela estava perguntando onde *você* estava! Ela queria falar oi para *você*. *Você* é amiga dela!" O rosto dele estava vermelho.

S respirou fundo e colocou a mão no meu ombro. Dava para ver que ele estava tentando se acalmar. Ele começou a falar, mas uma voz o interrompeu.

"Vocês dois, vou te contar..." Nós nos viramos e deparamos com o agente de S, Berg, segurando uma bebida, os olhos pesados por causa do álcool.

Eu nunca tinha visto Berg sem terno e não o conhecia muito bem, mas tinha passado tempo o suficiente com ele para desenvolver uma antipatia. Ele me interrompia falando mais alto, olhando só para S. Às vezes, eu me dizia que estava apenas sendo uma megera, que Berg estava concentrado em S porque ele era seu cliente. Outras vezes, achei que ele não gostava particularmente de mulheres. No mínimo, eu estava certa de que ele não tinha muita consideração por mim. Uma vez, ele me disse que eu devia "ser grata pela [minha] fama enquanto ela durasse".

Alguns meses antes, em outra festa, Berg tinha se aproximado de um grupo de pessoas com quem eu estava.

"Tá, eu só tenho que dizer isso", ele anunciou para o grupo, os olhos desfocados para além de mim. "Acabei de dizer a alguém: 'Não vai me estuprar nesse negócio', certo?" Ele fez uma pausa e passou a mão no cabelo, os olhos indo de um lado para o outro. "E as pessoas disseram: 'Você pode não dizer isso?'." Ele balançou a cabeça e tomou um gole da bebida. "Essa merda está ficando ridícula. Ridícula *pra porra*. Tipo, não posso mais dizer *estupro* agora?"

Agora Berg estava na nossa frente, claramente bêbado, com um aspecto seboso. S e eu interrompemos nossa discussão. Tomei um gole da minha bebida, tentando afastar a frustração.

"Vocês dois, vou te contar", ele começou de novo. "Quer dizer, S, eu só vi algo assim cinco vezes na minha carreira antes. Porra, cinco vezes. E não é só uma sensação", ele fez uma pausa, "porque, porra, você é *bom*." Os cubos de gelo tilintaram no copo.

"Todo mundo sabe que você é famosa, Emily, mas eu sempre digo, é o S que, é o S..." Ele parou, tomando um gole da bebida, seu nariz sumindo dentro do copo.

"Que é isso, Berg?", eu disse, forçando um sorriso. "Você acha que eu não sei como esse cara é especial? Eu me casei com ele." Senti a mão de S tocar minhas costas e passei o braço em torno dele em resposta. "A gente não liga para o que as pessoas dizem." Fiz uma pausa. "É só ruído."

Berg começou de novo. "E, Emily, você é mesmo famosa pra caramba, mas..."

"Ela *é* mesmo famosa pra caramba", S disse em uma voz tranquila, quase para si mesmo. Eu sabia que ele estava tentando mostrar que sentia muito por ter me deixado sozinha com os esquisitões da selfie.

"É, quero dizer, escuta, eu nem estou nas redes sociais e sei como ela é famosa. Quero dizer, tipo..." Ele inclinou a cabeça para o lado. "Ela é tipo a Pamela Anderson antes da hepatite C."

Meu corpo ficou tenso e meu peito apertou como se alguém tivesse derramado gelo nas minhas costas, tão frio que queimava. S não se mexeu nem um centímetro, mas senti que ele tinha se endireitado e crescido do meu lado. Seu rosto estava impassível, uniforme, as linhas de cordialidade ao redor dos olhos dele tinham sumido em um instante.

"Você precisa calar a porra da sua boca agora", disse ele, a voz severa e o corpo imóvel. Esse era o tipo de coisa que ele já tinha dito inúmeras vezes para Berg, quando eles brincavam em ligações, mas o rosto dele agora estava travado, e Berg não estava rindo.

Eu queria dizer, *você é um merda machista, Berg*. Pamela Anderson era uma atriz com uma sex tape que fora roubada da casa dela e divulgada contra a sua vontade. Hollywood não a levava a sério. A indústria a usara como objeto sexual e a transformara em uma piada, um insulto dirigido a outras mulheres. Pamela representava a ideia de que a utilidade das mulheres tem data de validade. E a hepatite C? Meu destino estava assim tão claro?

Eu queria fazer aquele homem idiota se sentir a pessoa minúscula e insignificante que ele era. Queria dizer: *Você não me conhece nem um pouco, você nunca tentou me conhecer, e o fato de achar que a minha fama e o meu status de mulher desejável são tudo que eu tenho a oferecer diz mais sobre você do que sobre mim*. Mas aquela era a noite de S, e aquele era o agente que estava trabalhando com ele desde o início da sua carreira. O relacionamento deles era mais antigo do que nosso casamento. S falava com ele quase todo dia. Naquela mesma manhã, eu tinha ouvido os dois discutindo um negócio incrível com a HBO, que Berg estava viabilizando. Nesse sentido, Berg era um homem poderoso e importante.

Fiquei muito ressentida com S por ter me feito ir à festa, por ter me colocado naquela posição. Eu queria gritar com ele, *Já chega! Eu sou melhor que isso!* Pensei na maneira como S tinha planado pela sala, uma sala cheia de homens que apenas dois anos antes reverenciavam Harvey Weinstein e incentivavam suas jovens clientes a se encontrarem com ele em quartos de hotel. Eu odiava que o meu marido tivesse alguma ligação com aqueles homens e odiava não poder gritar na cara de Berg por causa dele. Eu me odiava por me esforçar para ficar bonita. Só que, mais do que tudo, estava ressentida com S por me fazer precisar dele.

"Não? Fui longe demais?", Berg disse rapidamente, seus olhos indo de S para mim e de volta para ele. Eu podia ouvir Berg falando, mas a voz dele e os sons da festa caíam em um espaço vazio e oco.

Apertei mais meu casaco em volta do corpo e escorreguei para perto de Nate, que estava sentado a alguns metros de mim, me acomodando ao lado dele. Sua atenção se voltou para mim enquanto ele ria, no meio da conversa. Ele observou meu rosto. "Você está bem?", ele perguntou.

As palavras jorraram de mim. "Berg está bêbado e simplesmente disse: 'Você é tipo a Pamela Anderson antes da hepatite C', e eu não sei o que fazer e S ainda está lá com ele."

Eu queria que Nate me dissesse o que fazer, me dissesse que eu devia desaparecer, me desse permissão para ficar indignada. Qualquer coisa.

"Estou tentando imaginar como ele poderia ter dito isso num bom sentido, e tenho que admitir que não estou conseguindo", lançou Nate. "Sinto muito que ele tenha dito isso a você. Ele é um idiota, de qualquer maneira."

Então S apareceu na minha frente, sem olhar para mim, enquanto falava com outro homem, a cabeça dele em outro lugar.

"Podemos ir agora, por favor?", perguntei em voz baixa.

Carros estavam enfileirados na rua do lado de fora enquanto esperávamos sob um toldo, a chuva batendo contra a lona. Chamei um Uber. Quando saímos da chuva para entrar no carro, os flashes brancos das câmeras dos paparazzi quase nos cegaram. Mantive o olhar voltado para os meus pés, rezando para não escorregar com a sandália de salto alto no asfalto molhado. S fechou a porta com força, e o mundo de repente ficou em silêncio. Um paparazzo correu para a frente do carro, de boné de beisebol vermelho virado para trás na cabeça, a câmera erguida, os flashes passando pela janela da frente até o banco de trás.

"Meu Deus do céu", disse S. O carro mal conseguia se mover no trânsito. Meus olhos ardiam, cheios de lágrimas. Eu me odiava por estar chorando, e foi então que as lágrimas realmente rolaram, implacáveis e incontroláveis.

O carro avançava lentamente; eu ouvi o motorista ligar a seta. *Tique, tique, tique.* As explosões de luz desapareceram. Ficamos em silêncio por um momento. "Bom, isso foi..." S fez uma pausa. "Escuta, eu sinto muito pelo que ele disse para você. Foi horrível."

"Desculpa", falei em meio ao choro. "*Eu* estou tão envergonhada." S me abraçou, mas nada parecia certo. Eu não queria que S se desculpasse por Berg; queria que ele dissesse o quanto odiava tudo o que Berg representava. Queria que ele escolhesse um lado, mas sabia que não era justo; não era tão simples. Chorei ainda mais.

"Você não tem que pedir desculpas! Meu Deus, não", disse ele. Deitei-me em seu colo, meu rosto voltado para fora, afundado nas coxas dele.

"Eu só... Não ia ter acontecido nada disso se eu simplesmente não estivesse lá", eu disse. "Tudo teria sido normal. Você poderia ter se divertido." Estremeci. Pensei em minhas selfies idiotas, no meu vestido idiota e no meu delineador idiota. Fechei os olhos com força. Senti um desejo repentino de desaparecer. Imaginei ser capaz de inspirar tão profundamente que o meu corpo se dissolveria no ar que tivesse inalado, e então eu não estaria mais no meu corpo, no meu eu físico, naquele carro com S, ou em nenhum lugar. *Você é o problema*, pensei comigo. *Tem alguma coisa errada com você. E se você estivesse fora da equação, tudo ficaria bem.*

Homens como você

▬▬▬▬▬

Eu gostaria de apresentar uma grande oportunidade para que Emily considere.

Há muito interesse por parte do mundo NFT/ Crypto[11] no que diz respeito à *Treats!*, particularmente nas imagens incríveis que Emily e eu fotografamos juntos para a primeira capa dela ▬▬ dar a Emily a oportunidade de contar uma história de empoderamento que as pessoas adorariam ouvir.

▬▬▬▬▬▬▬▬▬▬▬▬▬▬▬▬▬▬▬ o primeiríssimo post de Emily no Instagram foi uma foto em que ela e eu segurávamos a capa da ▬▬▬▬▬▬▬▬ realmente não sabíamos como as mídias sociais se tornariam poderosas.

▬▬▬▬▬▬▬▬▬▬▬▬▬▬▬▬▬▬▬▬▬▬▬ Emily posteriormente fez tantas coisas incríveis, inclusive a maternidade ▬▬▬▬▬▬▬▬▬▬▬▬▬▬▬▬

▬▬▬▬▬▬▬▬▬

---

11 O NFT (Non Fungible Token) é um tipo de registro de conteúdo digital. [N.E.]

████████████████████████████████
████████████████████████████████

████████████████████████████████
████████████████████████████████
████████████████████ isso pode ser enorme, juntamente com a história ███████████
█████████████ que a ajudou a começar sua carreira.

████████████████████████████████
██████.

████████████
Steve[12]

Olá, Steve.

Aqui está um dos meus trechos favoritos de uma entrevista que você deu ao *InsideHook* (seja lá o que isso for) em 2016, na qual você fala sobre a primeira vez que nos encontramos:

> Então ela ficou sentada lá por mais ou menos uma hora, e ninguém prestou atenção nela. Ela tinha um portfólio de merda. A garota estava fazendo trabalhos como modelo de lingerie para o e-commerce da Frederick's of Hollywood. Quero dizer, o pior tipo de coisa. Ela mal conseguia levar os trabalhos. Um metro e sessenta e dois com aqueles peitões enormes. Tony sugeriu que eu a dispensasse, então fui até ela e disse, "Olha, desculpa. Você precisa ir", e ela disse, "Ah,

---

12 Este é um e-mail editado, enviado ao meu ex-agente em 2020. [N.A.]

tá". E então, por alguma razão estranha, comecei a conversar com ela, e ela era na verdade uma garota bem inteligente.

Eu me lembro muito bem do dia que você descreve aqui. Eu havia acabado de largar a faculdade e ainda não tinha achado um novo lugar para morar em Los Angeles, então dirigi duas horas e meia de San Diego para ir ao seu encontro. Era sábado. Eu já tinha ido a Los Angeles duas vezes naquela semana, para sessões de fotos para os costumeiros trabalhos de catálogo que pagavam minhas contas. Não estava com vontade de fazer de novo o trajeto, mas entendi que era importante para mim procurar complementar o meu portfólio com mais "tears", as páginas tiradas de editoriais para revistas. Saí de manhã bem cedo e fiquei bebendo café e ouvindo programas de rádio bem alto para me ajudar a ficar acordada na estrada. Quando cheguei, a maresia da manhã ainda não havia dispersado.

Eu fui e voltei na La Brea, passando em frente ao seu estúdio, procurando um lugar para estacionar. Estava tão preocupada em chegar atrasada e parecer pouco profissional que por fim parei no estacionamento do McDonald's do lado, rezando para não levar uma multa ou ser rebocada; eu não poderia arcar com nenhuma das duas coisas na época. Coloquei os saltos que tinha jogado no banco de trás e peguei o meu book de modelo. Meu agente tinha me dito para não usar maquiagem, mas quando dei uma olhada no espelho retrovisor, decidi passar um pouquinho de corretivo debaixo dos olhos. Eu queria parecer revigorada e naturalmente bonita para você.

Você me descreveu como "desalinhada" para o *Sun* em 2017:

> Ela entrou usando um vestido preto largo estilo bata e com sapatos horríveis de plástico preto com saltos de dez centímetros. Parecia um saco de lixo e escondia tudo. Ela estava

sentada esperando para ver Tony Duran, o fotógrafo, e ele me disse para dispensá-la.

Você disse que começou a falar comigo "por alguma razão estranha", mas nossa conversa não foi um acidente. Embora você tivesse quase cinquenta anos, por volta de trinta a mais do que eu, saquei qual era a sua de imediato. Eu sabia o que precisava fazer; eu tive que impressionar homens como você a minha vida toda e ser grata por qualquer migalha de atenção. Eu era praticamente adolescente, mas saber como ser notada por gente na sua posição já era instintivo. Eu o abordei, me fiz de tranquilona e elogiei você por aquele enorme pôster do *Blow-Up: depois daquele beijo*.

"Amo esse filme", eu disse. Era verdade. Eu tinha sido apresentada a ele no programa de artes de verão do qual tinha participado em San Francisco no meu segundo ano do ensino médio, quando eu ficava fumando maconha e à toa no meu dormitório, flertando com a ideia de me tornar artista, alguém que poderia fazer um filme algum dia em vez de ficar pelada em um. Meu professor colocou *Blow-Up* para assistirmos por causa da direção, mas eu tinha ficado impressionada com as mulheres do filme; com a beleza, o desejo e o glamour delas. O desespero delas de serem vistas pelas lentes do fotógrafo blasé fazia perfeito sentido para mim. Eu tinha o mesmo pôster, só que menor, esperando para ser emoldurado e pendurado assim que eu encontrasse um lugar para morar.

"Jura?", você perguntou com seu sotaque britânico, e se virou para olhar para mim.

Os homens nunca percebem a grande maquinação que as mulheres fazem. Eles acham que as coisas acontecem "por alguma razão estranha", enquanto as mulheres cantam músicas, executam pontes e movimentos de dança elaborados para *fazer* essas coisas acontecerem.

Você começou a falar sobre sua carreira. Você me disse que costumava fazer fotos para a *Playboy* e que a sua nova revista, ainda que cheia de garotas peladas, "não era nada parecida".

Você ficou animado quando eu disse que tinha estudado artes. Como deve ter sido surpreendente para você descobrir que eu era, para usar suas palavras, "na verdade uma garota bem inteligente". Uma mera menção a um filme pretensioso – foi tão fácil subverter suas expectativas.

Eu me pergunto quantas mulheres você já desconsiderou na vida, descartadas porque você presumiu que elas não tinham nada a oferecer além da aparência. Com que rapidez elas aprenderam que as coisas que tinham na cabeça eram de menor valor do que a forma do corpo. Aposto que todas elas eram mais espertas do que você.

Você tirou livros pesados e enormes de fotografias eróticas vintage. Disse que eles tinham sido a inspiração para a sua revista. Talvez você estivesse inseguro sobre ser um fotógrafo brega da *Playboy*, um aspirante a Hugh Hefner, então correu para provar que era um artista depois que mencionei que meu pai era pintor. Ou talvez você só estivesse me testando para ver se eu entendia mesmo as referências a que aludi. Indiquei as fotos de que gostava, soltando *oohs* e *aahs* a respeito das páginas brilhantes e ruidosas.

Devo ter dito alguma coisa certa, porque você olhou para mim das páginas abertas de um livro de Helmut Newton e parou para prestar atenção, como se estivesse de fato me vendo pela primeira vez. Foi então que você me pediu para tirar a roupa.

"Por que você não tira a roupa e fica de calcinha?" Você indicou o banheiro.

Eu agi com indiferença. "Ah, tá, claro", você se lembra de eu ter dito. Nossas memórias estão alinhadas nisso. Mas o que você não podia saber era como eu estava profundamente satisfeita. Eu estava feliz por nossa interação ter feito com que você quisesse mais de mim, feliz porque a minha viagem até ali talvez não tivesse sido em vão.

Suponho que, da sua perspectiva, deve ser por esse momento que eu lhe devo um agradecimento. Quando eu era mais nova, eu também teria achado isso. Você olhou para além da minha roupa sem atrativos e dos meus sapatos baratos e pensou: por que não, ela não é chata de conversar, vamos lhe dar uma chance, ver com o que ela está trabalhando.

Além disso, uma parte de mim pensou, *eu adoro ficar pelada, quem é que liga?* Eu tinha acabado de começar a aprender que de fato *todo mundo* parecia ligar de verdade, mesmo. Eu estava começando a entender que poderia usar aquela atenção a meu favor. Eu queria sondar o terreno: qual é o poder do meu corpo? Esse poder em algum momento é *meu*?

Quando saí do banheiro sem blusa, fiquei bem ereta, sem cobrir os peitos. Eu acreditava que, tirando a roupa com orgulho, não me deixando envergonhar pela minha nudez, eu poderia de alguma forma intimidá-lo, mudar a dinâmica. Mas é claro que não havia chance de isso acontecer, quando vivemos em um mundo onde milhões de mulheres vão correr para aproveitar a oportunidade de ganhar a atenção de homens como você, Steve.

Eu já era uma especialista em me avaliar por meio do olhar masculino. Tinha começado havia pouco a fumar e a pular refeições para manter a cintura o mais fina possível, então estava bastante segura de que você ficaria impressionado. Eu tinha razão. Quando você viu o meu corpo, seus olhos se arregalaram. "Meu Deus do céu, puta que pariu", você disse. "Onde é que você estava escondendo tudo *isso*?"

Você pegou minha mão e me guiou pelo estúdio até o fotógrafo, passando pelas outras modelos, enquanto eu cambaleava rindo atrás de você, só de calcinha e salto alto. Foi uma sensação incrível de validação ser considerada especial por você.

Eu tinha dezenove anos. Adorava dirigir pelo litoral com as janelas abertas, ouvindo música. Adorava o cheiro da minha pele depois de ter rolado na areia quando bebia sangria além da conta na praia com os meus amigos. Eu estava ávida para conhecer o tipo de pessoas inteligentes e legais que eu achava que encontraria em Los Angeles se conseguisse ganhar dinheiro o bastante para me mudar para lá; animada com o mundo adulto e com onde eu me encaixaria nele e com o que eu faria. Você se lembra de como era ter dezenove anos?

Certa vez, quando estava saindo de uma boate, um músico famoso escolheu vinte garotas da pista de dança e as fez sentar em uma sala junto do estúdio de gravação dele até as cinco horas da manhã. Ele pegou os telefones, fez com que elas assinassem termos de confidencialidade e as colocou todas juntas, fora do caminho, esperando até que ele terminasse de tocar seu novo disco para alguns amigos. Então, todo mundo ia aproveitar a festa, disse ele. Um cara que eu conheço estava lá e, quando estava indo embora, viu as garotas amontoadas. Ele disse que a sala parecia um cartório.

Imaginei as meninas exaustas, sem internet, câmeras ou mensagens para se distrair. Um pouco bêbadas. Visualizei seus sutiãs push-up, seus cachos perdendo a forma sob as luzes fluorescentes.

Por que você acha que elas esperaram naquela sala, Steve?

Talvez daqui a muitos anos, talvez na próxima semana, essas garotas de repente se sintam incomodadas com alguma coisa e não saibam o porquê. *De onde é que está vindo essa reação?* Elas realmente não vão saber, não vão ser capazes de localizá-la, mas vai ser por causa do jeito como se permitiram ficar sentadas esperando naquela sala. Do jeito como se maquiaram e se vestiram. Elas vão se sentir diminuídas e culpar apenas a si mesmas.

Eu estava tão desesperadamente ávida pela validação dos homens que a aceitava mesmo quando vinha embrulhada em desrespeito. Eu era aquelas garotas naquela sala, esperando, monetizando meu corpo e medindo minha autoestima a partir de um sistema de valores que gira em torno dos homens e dos desejos deles.

Eu era desconhecida quando trabalhamos juntos?, perguntaram a você. "Não por muito tempo", você respondeu. "Recebi um monte de e-mails de gente como Kanye West e Adam Levine, que queriam usá-la em campanhas. Então Robin Thicke me ligou."

Você está certo, eu de fato recebi muita atenção de homens muito conhecidos e poderosos. Foi assim que consegui oportunidades de trabalho, de ganhar dinheiro e também de construir uma carreira. Robin Thicke e Adam Levine me contrataram para aparecer nos videoclipes deles. No clipe do Maroon 5, sentei-me no colo de Adam Levine de calcinha enquanto ele passava tinta azul em todo o meu corpo.

No ano em que te conheci, um cara famoso pagou um voo para mim de Los Angeles a Londres com a promessa de uma oportunidade de trabalho. Pousei de manhã, com jet lag e toda dolorida por causa da minha poltrona estreita no voo lotado. Meu agente disse que eu teria uma hora para tomar um banho rápido antes de ser levada para o estúdio do homem, mas o telefone do hotel tocou assim que entrei no quarto, e me avisaram que um carro estava à minha espera. No estúdio, uma equipe me fez trocar de roupa e me empurrou para uma plataforma alguns metros mais elevada do que o lugar onde o homem estava sentado. A expressão dele era indecifrável enquanto ele mantinha os olhos no meu corpo antes de eu ser levada embora. Fiquei aliviada, pensando que o casting havia acabado. Eu queria ir ao meu quarto de hotel dormir, mas alguém veio dizer que o homem famoso queria que eu tomasse um drinque com ele.

"Tá", eu disse, dando uma olhada no espelho. Eu estava com cara de exausta. *Que horas deve ser em Los Angeles?*, eu me perguntei, com medo da resposta. "Claro."

A conversa era constrangedora no banco de trás do carro, enquanto o amigo ou assistente dele (pela minha experiência, todos os amigos de homens famosos parecem estar na folha de pagamento deles) estava no banco do passageiro. O motorista olhava para a frente maquinalmente. O homem abriu o laptop e languidamente digitou algo no teclado enquanto conversávamos. Eu observava o trânsito lento pela janela. Quando voltei a olhar para ele, vi que tinha virado a tela do laptop para mim. Nela, dois homens e duas mulheres estavam transando. O homem apontou para um dos corpos.

"Este aqui sou eu." Ele sorriu, com os olhos na tela.

Quando aceitei ir a Londres, meu agente me disse para contar com ele se eu precisasse de alguma coisa. "Fico feliz em ser o vilão", disse ele. Quando o carro parou em um hotel de luxo, mandei um e-mail rápido, sem detalhes específicos, pedindo para que ele desse um toque em seu contato para me liberar.

Nós nos sentamos e pedimos bebidas, e, assim como aconteceu com você, Steve, fiz o possível para me apresentar como mais do que um mero corpo. Falei sobre arte e música e até política. De uma forma que me lembrava o meu encontro com você, nós nos conectamos genuinamente em algumas coisas.

Nós três pegamos um elevador até a suíte dele. Ficamos sentados na sala de estar por mais ou menos uma hora antes de o assistente começar a pegar no sono no sofá, virando os olhos. O homem famoso abriu o laptop de novo e começou a reproduzir um vídeo que eu tinha feito para a *Treats!*

"Nossa, caramba", disse ele, indicando meu corpo nu em movimento. "Eu não consigo tirar os olhos de você." *Que bizarro*, pensei. *Eu estou bem aqui na sua frente.*

Dei uma olhada no meu e-mail para ver se tinha alguma resposta do meu agente. "Você é bem crescidinha, Emily. Dá um jeito."

Juntei coragem e me levantei, anunciando alto o bastante para acordar o assistente que já estava na hora de eu ir embora. Quando começamos a sair, o homem famoso se levantou para me abraçar. Ele pressionou o corpo contra o meu e depois beijou meu pescoço devagar. De repente estávamos sozinhos; o assistente tinha desaparecido atrás da porta de entrada, fechada. Eu ri nervosa, tentando aliviar a tensão. "Eu tenho namorado", disse eu, sabendo que invocar a propriedade de outro homem poderia detê-lo. Ele fungou no meu pescoço.

"Falo com você em breve", prometi, sorrindo educadamente enquanto colocava as mãos nos antebraços dele para afastá-lo do meu corpo.

Na manhã seguinte, acordei com o despertador do meu telefone, me dando conta de que nem meu agente nem o homem famoso tinham providenciado um carro para me levar ao aeroporto. Eu me vi no banco de trás de um táxi preto frio, observando a tarifa ficar cada vez mais alta enquanto convertia libras em dólares em silêncio, torcendo para que o meu cartão de crédito passasse.

O homem me mandou e-mails durante meses. Ele me ligou algumas vezes também, cada vez de um número diferente e sempre em horas estranhas do dia e da noite. Eu parei de atender a ligações de números que não conhecia. Ainda assim, estava lisonjeada com a perseguição daquele homem poderoso. Eu sabia que se jogasse bem as minhas cartas, me certificando de me destacar de outras mulheres enquanto mantinha os limites claros, poderia me beneficiar da notoriedade e de trabalhos que ele pudesse me proporcionar. Mas não me apliquei àquilo. Minhas respostas eram volúveis e inconsistentes. Depois que dei uma desculpa para evitá-lo quando ele estava em Los Angeles, ele me escreveu: "Eu realmente queria fazer de você uma Musa e não tenho uma Musa há anos, desapontado".

Se você já visitou Nova York, provavelmente já passou por ela. No Central Park, na ponte de Manhattan, em Columbus Circle ou na divisão principal da Biblioteca Pública de Nova York. Talvez você tenha admirado a figura dourada no alto do Municipal Building no centro? Ela está por toda parte: em pontes, prédios, parques e fontes. Há trinta estátuas do corpo dela só dentro do Met. Todas essas imagens são da mesma mulher.

Audrey Munson foi descoberta por um fotógrafo enquanto olhava vitrines com a mãe na Quinta Avenida. Audrey posou nua pela primeira vez pouco depois, quando ainda era adolescente. Ela logo se tornou a modelo preferida de escultores e pintores da época, todos obcecados com a forma de seu corpo, seus seios, até suas covinhas na parte baixa das costas. (Um escultor a alertou: "Vigie essas covinhas, minha menina. E se perceber que elas estão começando a ir embora... pare de comer torta de maçã".) Em 1913, o *Sun* de Nova York escreveu: "Mais de cem artistas concordam que se o título de Miss Manhattan pertence a alguém em particular, é a esta jovem".

Menos de duas décadas depois ela tentou suicídio. Aos quarenta anos, foi internada em um hospital psiquiátrico. Viveu o resto da vida lá, morreu aos 106 anos e foi enterrada em um túmulo sem identificação.

Suponho que este seja o ciclo de vida de uma musa: ser descoberta, ser imortalizada na arte, pelo que você nunca é paga, e morrer na obscuridade.

A própria Audrey escreveu: "O que acontece com as modelos dos artistas? Fico pensando se muitos dos meus leitores não ficaram diante de uma obra-prima em forma de uma escultura adorável ou de uma pintura notável de uma jovem, a ausência de vestes acentuando em vez de diminuindo sua modéstia e sua pureza, e se perguntaram: 'Onde é que ela está agora, essa modelo que era tão bonita?'".

Penso nela e nas outras mulheres nuas que cobrem as paredes e preenchem os corredores dos museus, algumas tão antigas que a cor de seus corpos já desbotou e sua cabeça de mármore caiu. Seria fácil confundir essas exposições com símbolos de respeito, com uma honra. Mas o que foram as vidas delas? E quais eram seus nomes? Ninguém se lembra.

Você achou que eu nunca veria as entrevistas que deu sobre mim, Steve? Ou achou que nunca mais precisaria de nada de mim, então não importava? Talvez você não tenha pensado em mim de maneira alguma. Suspeito que tenha sido o caso.

Pode te surpreender que, quando li os seus comentários pela primeira vez, eu não tenha ficado com raiva. Você os fez cinco anos depois que a gente se conheceu. Eu tinha acabado de fazer 25. Eu havia ficado famosa, e a revista que você tinha vendido uma casa para bancar ia mal (os gêmeos Winklevoss já tinham te processado? Ou isso foi depois?). Mas as coisas não tinham mudado muito. Eu ainda era uma jovem que colocava a autoestima nas mãos de homens como você.

Eu não fiquei com raiva, porque achei que você estivesse certo: meus sapatos *eram* constrangedores. Eu não sabia me vestir. Eu sou baixa. Não sou nada especial, a menos que esteja nua. Eu deveria me sentir grata por você ter olhado para mim duas vezes. Se você não tivesse olhado, quem sabe o que poderia ter acontecido? Como você disse, "Tenho certeza do lugar onde ela estaria, e não seria onde ela está agora".

Eu também fiquei com vergonha. Eu me odiava por tentar impressionar você. Não era como se eu tivesse dado um golpe em você para subir na vida. Mas parecia que eu tinha me traído e me fetichizado para ficar atraente para você. Até o jeito como você me chamou de "inteligente" doeu. Eu odiava o fato de ter usado as coisas que eu amava para chamar sua atenção.

Eu não comentei as suas entrevistas com ninguém. Estava mortificada demais para dividir o que você tinha dito com pessoas próximas a mim. Eu não queria correr o risco de que elas concordassem com você. Eu não queria que elas me vissem como você via.

Eu não tinha capacidade de ficar com raiva.

Ainda.

Vamos fazer uma busca por modelos, e quero encontrar outras doze Emilys e transformá-las em estrelas e dar a elas uma plataforma incrível para construir uma carreira... Então se eu conseguir encontrar alguma garota na Rússia colhendo batatas e colocá-la neste calendário e torná-la famosa, vai ser fantástico.

Você fez o seu casting. Há um vídeo dele na internet, editado com uma batida techno etérea. Mulheres jovens passam flutuando de biquíni, os cabelos esvoaçando atrás de si enquanto arqueiam as costas e mandam beijos para a câmera atrás da qual você está agachado. À medida que cada uma posa, elas seguram um quadro branco com o nome escrito com bastante clareza. Depois o quadro branco é apagado e o nome de uma jovem é substituído pelo de outra.

Eu não suporto a ideia de você ter usado meu nome para recrutar essas meninas. Odeio que você tenha me usado como exemplo e dito: *Olhem o que vocês podem ter se conseguirem chamar minha atenção.*

Estou com raiva agora, não só por mim mesma, mas por "alguma garota na Rússia" e todas as jovens e garotas que enxergam você como um guardião, que fazem fila na sua frente para serem julgadas como "comíveis" ou não.

Quero dizer a essas meninas que não tenho certeza se vale a pena – não o dinheiro ou a atenção. Eu estaria mentindo se dissesse que a fama não vem com seus presentes: será que alguém se daria ao trabalho de ler o que escrevi se eu não tivesse impressionado homens como você?

"Então, deixa eu te dizer, aquela garota nunca teria tido a carreira que teve se tivesse ficado de roupa", você disse. Consigo entender por que você acha que isso é verdade.

David Fincher disse em uma entrevista que quando ele quis escalar para *Garota exemplar* uma mulher por quem os homens fossem obcecados e que as mulheres odiassem, Ben Affleck sugeriu o meu nome.

Ter um papel em um filme sério e ter sido escolhida por um diretor respeitado era algo de que eu me orgulhava. Eu tinha um crédito chique para acrescentar ao meu currículo, e outros diretores (quase sempre homens) ficaram impressionados com a minha proximidade com Fincher. Em entrevistas, eu sabia discorrer sobre como eu tinha me preparado para o papel, como a leitura que eu tinha feito tinha sido gravada para o papel e que depois eu tinha sido escolhida por meio do meu teste ao vivo com ele.

Mas eu estava de peito de fora no filme. E, embora eu tivesse o novo título de "atriz", uma conta bancária engordando e fãs que me reconheciam na rua, também comecei a receber comentários na internet que me enchiam de autoaversão: "Essa garota não consegue ficar de roupa"; "Os peitos são bonitos, mas não tem muito mais que isso"; "Aproveita os quinze minutos de fama antes que eles comecem a ficar caídos". Os cabeleireiros no set de *Garota exemplar* me avisaram que era hora de parar de fazer ensaios nua agora que eu não era mais só uma modelo e musa – mas a dica deles me parecia confusa: eu não tinha ganhado o papel, pelo menos em parte, por causa de como me despia para homens como você, Steve?

Você vai se lembrar de quando me beijou. Ou talvez não. Nós estávamos nos despedindo depois da festa de lançamento da edição em que saí na capa da sua revista. Já era tarde e eu estava embriagada com o champanhe do patrocinador e com o modo como você tinha me feito sentir especial naquela noite. Você estava usando meu corpo e as fotos que tinha tirado dele para promover a sua revista, mas eu não estava concentrada nessa parte da nossa dinâmica. Em vez disso, sentia como se você tivesse dado uma festa chique em minha homenagem, com todos os convidados lá para celebrar a garota mais desejável *du jour* (eu) em toda a terra (Los Angeles).

Uma amiga modelo, dez anos mais velha do que eu, chamou um táxi para irmos embora. "Eu deixo você em casa", disse ela. Eu me virei para te abraçar e agradecer. Você empurrou o seu corpo contra o meu, me deu dois selinhos de leve, e depois pressionou sua boca na minha. Você enfiou a língua por entre os meus dentes. Eu te beijei de volta. Pensei em como você tinha ficado parado diante das imagens ampliadas do meu corpo nu (elas estavam à venda, fiquei sabendo quando bati o olho nos preços) dizendo para todo mundo que eu era uma garota muito especial, segurando uma garrafa de Moët em miniatura com uma mão e com a outra em volta da minha cintura.

Minha amiga interrompeu o beijo. "Vamos, querida! Temos que ir!", ela gritou segurando a porta aberta, esperando.

Você se afastou, um brilho de excitação nos olhos. Você tinha idade suficiente para ser meu pai e sabia que eu não deveria ter te beijado, mas levantou uma sobrancelha como se estivesse esperando meu sinal para saltar sobre mim. Eu desatei a rir, sentindo uma onda de exultação com o poder que eu tinha naquele momento por ser objeto do seu desejo. Minha amiga me pegou pelo braço, me arrastando para longe de você.

"Tchau, Steve", ela disse enquanto me enfiava no carro e batia a porta. Eu não ofereci resistência. A verdade é que eu não tinha interesse em você, só em como você tinha me feito sentir, em como você tinha me olhado.

"Você não quer fazer isso", ela murmurou. Estava escuro no banco de trás. Eu estava sentada meio bêbada ao lado dela, ainda um pouco zonza com o beijo e um pouco constrangida pela autoridade que ela havia exercido sobre mim. Eu estava confusa. Na minha ingenuidade, presumi que ela devia estar tentando me controlar. Agora penso no perfil solene dela, mal iluminado, e entendo. O que ela deve ter passado com homens como você para ter adquirido a sabedoria que eu ainda não tinha?

É assustador hoje pensar que eu poderia ter deixado você reivindicar meu corpo e usá-lo daquela forma também. Como teria sido mais difícil para mim vencer a vergonha de ter tentado impressioná-lo, da zonzeira e da gratidão que expressei, e do jeito como entreguei meu corpo para você com tanta facilidade.

Você diz em sua entrevista:

Ninguém mais quer ver um velho comendo jovenzinhas. É constrangedor. Isso pode ter funcionado nos anos 1970, mas as mulheres são tão mais independentes e poderosas hoje em dia, e isso mudou. Eu sou um cara mais velho, e essas garotas têm metade da minha idade.

Uma vez você abriu a sua revista e apontou para uma modelo com os peitos de fora e a boca aberta para me dizer que tinha transado com ela. Você agiu como se estivesse um pouco encabulado a respeito, ainda que eu não tenha certeza se é melhor ou pior saber que você tinha esse discernimento.

Você lembra do tríptico do meu corpo nu? Eu não queria fazer o ensaio, mas a minha agente disse que era para ajudar a conscientizar sobre o câncer de mama, e você prometeu que levaria apenas uma hora.

"Parte das vendas vai para alguma instituição de caridade", afirmou ela. "E Sam Bayer é um diretor atuante e de respeito. Nada mal posar para ele."

Eu cedi e fui para a exposição onde as imagens em preto e branco de dezesseis mulheres tinham sido ampliadas para três metros e meio cada uma, para assim preencher uma sala gigante na galeria de arte. Nós tínhamos sido cortadas em três: a cabeça perto do teto, os seios e o torso no centro e, na altura dos olhos, nossa vagina.

Alguns anos depois, vi no Instagram que meu retrato tinha sido transferido para uma casa noturna de Los Angeles. Eu ia ser marcada em fotos de homens e mulheres posando em frente à parte inferior do meu corpo, fazendo gestos obscenos.

Você gosta de mim agora que uso sapatos melhores. Você se prontifica a me chamar de colaboradora agora que não sou mais uma garota, agora que cresci e me tornei, como você destacou, uma mãe. (Como é engraçado que os homens enxerguem os ciclos de vida da mulher de modo tão simplista! De objeto sexual a mãe, de mãe a quê? Invisibilidade?)

O desrespeito que você demonstrou em relação a mim é terrível. É irônico que você me aborde a respeito de um NFT — algo que tem tudo a ver com propriedade e os sujeitos sendo reconhecidos e recebendo o que lhes é devido – quando você passou os últimos dez anos fazendo de tudo menos concedendo a mim a propriedade: da minha carreira e das minhas imagens. A propósito, notei que você agora cobra 3,99 dólares em seu canal do Vimeo dos espectadores para assistirem aos vídeos dos meus ensaios.

Eu costumava não ter certeza se deveria ser grata a você, por nossa amizade e pelas oportunidades que você me proporcionou. Mas eu não sou mais grata. Não acredito que deva nada a você. Não vou mais me culpar por ter me tornado diminuída e digerível para você. Já deixei a vergonha e o medo para trás, e estou com raiva. É feia, mas não tenho medo dela. Eu quero mais para mim. Vou declarar todos os meus erros e contradições, por todas as mulheres que não podem fazer isso, por todas as mulheres que já chamamos de musas sem saber o nome delas, cujo silêncio tomamos por consentimento. Subi nos ombros delas para chegar aqui.

Mais uma coisa, Steve. Meu primeiro post no Instagram não foi uma foto nossa. Meu primeiro post foi em 21 de fevereiro de 2011, antes de eu sequer ter te conhecido. É uma fotografia da minha melhor amiga sorrindo.

Alívios

No meu sonho eu estou gritando. Meu rosto está molhado de lágrimas. Uma figura surge na minha frente. Às vezes é alguém de quem sou próxima; outras vezes é alguém em quem não pensava havia anos.

Há noites em que não é ninguém específico, só uma presença. Estamos sempre em algum lugar das minhas recordações: na rua onde cresci ou em um apartamento em que já não moro faz muito tempo. Não importa qual seja o cenário, uma coisa é constante: minha fúria. Eu grito. Eu soluço. Eu quero que essa pessoa do sonho reconheça a minha angústia. Tento e tento chamar a atenção dela, mas ela fica indiferente e impassível.

Por fim, eu sigo para acertá-la, mas meus braços estão insuportavelmente pesados quando os levanto. Quando um golpe finalmente acontece, não há impacto, é como se eu fosse feita de nada. Não há satisfação nem alívio.

Acordo desse pesadelo com o coração batendo forte, com pânico e urgência pulsando em mim. Fico horrorizada com a minha raiva; constrangida com a violência dela. O que há de errado comigo? Por que tenho essa raiva perversa e destrutiva? Não quero pensar no que pode explicar a minha aflição. Digo a mim mesma que não mereço esse grau de fúria. Não conto meu sonho a ninguém.

Uma vez, perguntei a S se ele sonha que está brigando.

"É horrível! O pior!" Eu esperava que ele fosse entender minha frustração. "Não tem impacto. É como ser um fantasma. Alguma coisa sem corpo." Ele deu de ombros e me recordou que não se lembra mesmo dos sonhos que tem.

Quando acordo do pesadelo certa manhã, cerca de um mês depois de dar à luz meu filho, não consigo me livrar da intensidade dos sentimentos. Eu faço uma sessão on-line com a minha terapeuta e os descrevo a ela. Ela ouve atenta e expressivamente — como os terapeutas fazem — antes de falar.

"Na vida, para onde você direciona sua raiva? Como você a alivia?"

"Eu não alivio", digo, apenas.

Ninguém gosta de uma mulher com raiva. Ela é o pior tipo de vilã: uma bruxa, odiosa e feia e cheia de despeito e amargura. Estridente. Eu faço qualquer coisa para evitar esse sentimento, qualquer coisa para não me tornar essa mulher. Tento fazer qualquer coisa que se assemelhe a raiva parecer ousada, charmosa e sexy. Eu a dobro até virar algo pequeno e a guardo bem fechada. Invoco meu truque mais confiável — projeto a tristeza —, alguma coisa vulnerável e terna, alguma coisa acolhedora, algo que precisa ser cuidado.

Minha terapeuta me espreita, seus óculos de armação escura fazendo os olhos dela ficarem enormes na minha tela.

"Que tal você vir até aqui quebrar umas coisas?", diz ela.

No consultório, fico horrorizada ao vê-la segurando uma tigela de vidro repleta de bexigas coloridas cheias de água.

"Ah, não." Faço uma careta. "Já estou odiando isso." Penso nela enchendo as bexigas de água para mim antes de eu chegar e estremeço de humilhação. Eu passo por trás dela para ir até a cobertura do prédio. O sol está brilhando, mas o ar está gelado.

Ela coloca a tigela de vidro no chão e se levanta para me encarar. Acostumada a apenas ficar sentada diante dela, fico chocada ao me dar conta pela primeira vez de que sou mais alta do que ela. Fico ciente de seu físico de um modo que me deixa desconfortável. Eu aperto o casaco um pouco mais em volta do corpo, evitando seus olhos ao encarar os prédios que nos cercam e que parecem se fechar sobre nós. Ela me apresenta o exercício.

"Eu mesma já fiz isso antes", ela lança, caridosa. "Você precisa se tornar... grande!" Ela estica os braços e abre as pernas. Ela abre a boca fazendo um grande O. Sua bondade faz com que eu me sinta ridícula, mas sobretudo patética. *O nível de envolvimento comigo mesma*, eu penso. *As coisas realmente chegaram a esse ponto? Estou mesmo prestes a jogar balões de água rosa e verdes na parede? Meu Deus. Já tenho quase trinta anos.* Fico surpresa ao perceber lágrimas quentes jorrando dos meus olhos. Eu rio, sem jeito, rapidamente enxugando uma.

"Por que você está chorando?", ela pergunta.

"Isso é tão bobo", digo, engolindo um pequeno soluço.

"Não acho que você esteja chorando porque é *bobo*." Ela se agacha perto da tigela e escolhe uma bexiga. Eu a apanho, percebendo a fragilidade de sua superfície nos meus dedos.

Li uma vez que as mulheres têm maior probabilidade que os homens de chorar quando estão com raiva. Eu sei que as mulheres choram por causa da vergonha. Nós temos medo da nossa raiva, ficamos envergonhadas pela forma como ela nos transforma. Nós choramos para sufocar o que sentimos, mesmo quando o choro está tentando nos dizer alguma coisa, mesmo quando ele tem todo o direito de existir.

Eu estremeço, segurando a bexiga. Eu a lanço contra a parede, observando-a se espatifar com um leve estouro, e me dou conta de uma vaga sensação de irritação.

"Não tenho certeza se isso está adiantando muito. As bexigas tinham que ser tão coloridas?", observo. Ela ri e então me entrega um pequeno pote. "Não acho que seja feito de vidro, então é possível que não quebre. Mas talvez seja melhor do que as bexigas."

Pego o pote e, sem jeito, lanço contra a parede. Meu braço é como macarrão molenga. Tento de novo. O pote quica. Imagino alguém olhando pela janela e vendo uma mulher magrela jogando um objeto contra uma parede de tijolos. *Patética*, repito na minha mente.

Penso em como devo parecer para os vizinhos e para minha terapeuta. Sei que acolher a raiva significa me libertar desse controle, dessa avaliação, desse distanciamento de mim mesma, mas estou desesperada por controle. Eu preferia me machucar – me apunhalar metaforicamente – do que permitir que qualquer outra pessoa segurasse a faca. Eu me esforço para entrar no meu corpo e simplesmente *ser*. Não confio que meu próprio corpo possa tomar as rédeas. E agora alguém está me pedindo, me incitando a deixar o meu corpo liberar a raiva. Estou condenada a fracassar.

"Eu simplesmente não tenho força o suficiente", murmuro. Coloco o cabelo atrás da orelha e encaro o chão, me lembrando do pátio asfaltado do meu jardim de infância.

"Às vezes fica mais fácil se pensar em alguém que você queira punir", ela me diz.

Odeio o fato de que exista alguém que eu queira punir, mas exalo e fecho os olhos. Bloqueio pensamentos de como me sinto idiota, de como devo parecer boba. *Libere*.

Dessa vez, o pote voa da minha mão, como se levado por algum tipo de corrente. Ele bate na parede e estilhaça em pequenos pedaços. Volto a olhar para a minha terapeuta, chocada.

"O corpo sabe", diz ela, apanhando uma vassoura.

Ela está certa, é claro. Meu corpo sabe. É claro que as sensações físicas, assim como a fúria, têm um propósito. São sinais, indicadores, que nos levam a verdades. Mas eu não as escuto, por medo do que elas podem revelar.

Era fim de uma tarde de agosto quando S e Barbara decidiram que a gente deveria dar uma volta nas bicicletas que tínhamos comprado algumas semanas antes. Os dois ficaram entusiasmados com a ideia, mas eu estava hesitante. Eu nunca fui atlética, sempre preferi caminhar devagar na pista da escola enquanto o restante das minhas colegas corria.

Pensei em sugerir que ficássemos em casa tranquilos, deitados e lendo, mas sabia que simplesmente soaria chata. Eu estava no primeiro trimestre de gravidez e tudo o que queria fazer era dormir, mas a minha obstetra tinha enfatizado a importância de me exercitar. Além do mais, os passeios de bicicleta que tinha feito com eles sempre acabavam sendo agradáveis.

Eu me considerei descoordenada desde que me lembro, mesmo na infância. Quando meu pai desceu a rua comigo até um estacionamento pavimentado para eu aprender a andar de bicicleta, consegui me equilibrar, mas nunca conquistei confiança para dominar essa habilidade. Eu não conseguia aprender a confiar nos meus instintos o bastante para relaxar e sentir prazer naquela atividade.

O ar quente que enchia nossos pulmões não fazia com que o empenho físico parecesse mais atraente, mas enquanto seguíamos pela rua, uma brisa surpreendente cortou a umidade.

Barbara foi na frente, junto do acostamento, o cabelo esvoaçando atrás dela. Ela e S eram companheiros de viagem que combinavam, os dois sempre prontos para dar um mergulho no mar ou nadar tarde da noite. Observei sem inveja como eles estavam relaxados: eu amava os dois e ansiava por ser mais como eles, seguindo seu exemplo e abraçando sua influência. Enquanto pedalava, deixei meus ombros caírem e respirei fundo, olhando para os meus quadris e pensando no feto enrodilhado dentro de mim. Naquela manhã eu tinha lido que ele estava do tamanho de um figo. Pensei nos batimentos cardíacos dele e me perguntei se estariam sincronizados com os meus.

Mais à frente, vi que Barbara e S tinham virado à esquerda em um campo. Ela olhou por sobre o ombro e sorriu para mim, seus dentes tortos e charmosos. "Atalho!", ela gritou. Eu concordei com a cabeça e saí da estrada, minha bicicleta sacudindo no terreno novo, irregular.

O campo parecia ser vasto. Conforme continuei, senti minha bicicleta ficar mais lenta no capim espesso. As nuvens que tinham oferecido cobertura durante a maior parte do nosso passeio tinham se dissipado, a brisa tinha se acalmado, e comecei a suar sob o sol quente que batia na minha testa.

Dava para ver que S e Barbara também estavam começando a fazer esforço: a postura deles tinha mudado e eles pareciam empurrar os pedais com mais empenho e mais concentração do que antes. Uma tontura tomou conta de mim enquanto meu peito apertava. O horizonte estava dramático: todo céu azul e capim verde e alto. Eu me preocupei por um segundo com o bebê – como será que está a frequência cardíaca dele agora que estou tão sem fôlego?

S se virou para mim, e não pude deixar de pensar em como eu devia estar parecendo nojenta – meu rosto costuma ficar cheio de manchas vermelhas sempre que faço alguma coisa cansativa. Meus seios inchados estavam doloridos sob a camiseta larga, e eu estava estufada e suja. Lutei contra meu instinto de parar, sentindo uma nova determinação crescer dentro de mim. *Estou com as pessoas que mais adoro dando um passeio de bicicleta num dia lindo*, pensei. *Não se atreva a dar para trás por covardia.*

Pedalei com mais determinação, passando por cima do desconforto. Minhas coxas queimavam. Engoli um tanto de saliva. Enxerguei a rua à frente e vi o corpo de Barbara quicar no banco da bicicleta enquanto ela voltava para o asfalto.

Eles diminuíram a velocidade para me esperar, e senti uma onda de ternura ao registrar o formato familiar das costas deles curvadas sobre o guidão. *Não importa como está a minha aparência*, eu percebi. O sangue pulsava nas minhas coxas, e pensei mais uma vez na minúscula vida alojada em meu corpo. Minha melhor amiga e meu marido sorriram para mim amorosamente. Sem dizer uma palavra, continuamos andando de bicicleta. Meus olhos se encheram de lágrimas. Eu queria gritar: *Obrigada! Que alegria poder viver neste corpo.*

Quando criança, eu morria de medo de pisar nas rachaduras da calçada, temendo que eu pudesse "quebrar as costas da minha mãe". Eu acreditava que meus pensamentos tinham efeito sobre tudo, desde o papel que eu conseguiria na peça da escola até o que o meu futuro me reservava ou até que altura eu cresceria.

Esse pensamento mágico habitual persistiu até a idade adulta. Algumas das minhas superstições: se eu planejar uma viagem, com certeza vou conseguir um trabalho. Se eu sonhar com alguém, é porque terei notícias da pessoa em breve. Se eu contar uma boa notícia para alguém antes que seja oficial, a coisa especial não vai acontecer. A última é a crença de que se eu mantiver o nome do meu filho no meu corpo (em um colar ou uma pulseira com suas iniciais gravadas), ele vai continuar saudável.

Se houver alguma coisa, qualquer coisa, que eu possa fazer para ditar o resultado dos acontecimentos, então eu me sinto menos impotente. Sinto menos medo. Essa ideia está tão profundamente arraigada em mim que, mesmo ao confessá-la, fico com medo de estar amaldiçoando os meus rituais. Será que os meus truques não vão mais funcionar agora que os contei?

Luto com frequência para demarcar o que é meu instinto e o que é minha mente hipervigilante e supersticiosa pregando peças em mim. Audre Lorde escreveu: "Como mulheres, passamos a desconfiar daquele poder que emerge da nossa sabedoria mais profunda e irracional".

Uma parte lógica de mim sabe que as coisas não são afetadas por forças sobrenaturais que eu mesma dito. Ainda assim, não quero que isso seja verdade, pelo menos não totalmente. Quero acreditar em algum tipo de magia, em algum tipo de poder, mesmo em um que esteja além do meu controle.

Ninguém sabe exatamente qual é o gatilho que faz o corpo de uma mulher entrar em trabalho de parto. Durante a minha gravidez, aprendi que, apesar da confiança dos médicos que agem como se não existisse mistério ou magia em nossas vidas físicas, isso é uma coisa para a qual não temos explicação clara. Em uma de nossas últimas consultas, S perguntou para a nossa obstetra quem decidia quando era a hora: o bebê ou o meu corpo.

"Provavelmente os dois", ela respondeu vagamente, olhando para o bipe.

Seis dias antes da data prevista para o parto, quase à meia-noite de um domingo bem no começo de março, minha bolsa estourou. Mais cedo naquele dia, nós tínhamos ido de carro até o Upper West Side para comer nossos *bagels* favoritos e salada de peixe branco como recompensa por ter dado os toques finais no quarto do bebê (também tínhamos finalmente pendurado os quadros que tinham ficado encostados nas paredes por anos, como se o bebê fosse julgar a nossa decoração).

No caminho para casa, eu tinha perguntado a S se estávamos prontos. "Mas é claro que estamos", dissera ele, apertando meu joelho.

"Eu sei que é assustador", cantarolei mais tarde, sentada sozinha no nosso sofá vermelho, com as mãos na barriga. "Mas vamos fazer isso juntos." Eu não tinha certeza se estava falando com o meu filho ou com o meu corpo. Provavelmente com os dois.

A corrente de calor entre minhas pernas me despertou e eu me sentei na cama. Tirei as cobertas para ver uma mancha molhada aumentando no lençol. A luz baixa da TV lançava uma sombra na minha barriga, fazendo com que ela parecesse uma lua crescente.

"Está acontecendo", exclamei, me levantando de um salto.

Enquanto S se esforçava para aprontar tudo para ir ao hospital, fiquei de quatro, olhando para o piso xadrez do nosso banheiro. Era como se o meu corpo fosse se partir ao meio; a dor abarcava tudo, reverberando pelo meu ventre e se espalhando para cada parte do meu ser. As contrações não davam trégua, e, quando uma delas atingia o ápice, me sentia tomada por um pânico repentino. Eu estava desesperada para fazer a dor parar, mas estava presa. Eu mordia, cerrando os dentes.

"Não tem como voltar atrás", eu disse a mim mesma, encostando a testa no chão frio e entrelaçando as mãos atrás do pescoço. Tentava me lembrar de respirar. O que aconteceria agora comigo e com o meu bebê? A vida de nós dois estava em jogo, mas não havia nada que eu pudesse fazer para garantir a nossa segurança. Nossa sobrevivência agora dependia dos misteriosos mecanismos do meu corpo.

Alguém tinha me dito que, para atingir a dilatação, as ondas cerebrais de uma mulher precisam diminuir e chegar a um estado parecido com o do orgasmo. Foi estranho pensar em sexo na hora do parto, mas quando outra contração fez minha espinha arder, foi um consolo me lembrar de que o meu corpo era capaz de sentir prazer e alívio. Tentei encher minha mente com um vazio. Deixei a contração me consumir.

De repente, uma nova sensação: confiança. Meu corpo tinha me levado até ali, não tinha? Ele havia sido resiliente. Ele havia protegido o meu filho crescendo por nove meses e mantido o coração dele batendo enquanto todo o seu ser complexo se desenvolvia dentro de mim. Agora estava se abrindo, bem na hora certa. Eu soube então que tinha que sair do controle. Apesar do meu medo, eu me acalmei. Eu me rendi.

Quando chegamos ao hospital, eu me arrastei pelo saguão e me contorci encostada na parede do elevador. Na ala da maternidade, uma mulher perguntou meu nome enquanto eu me agachava ao lado de uma cadeira, encostando a cabeça no meu braço. Eu estava lá, mas não de verdade. Estava dentro do meu corpo, uma máquina que se rompia brutalmente sem se importar com nada nem com ninguém. Eu me concentrei, me recusando a deixar o cérebro interromper o funcionamento das engrenagens do meu corpo. Ele sabia o que fazer. Eu só precisava ficar fora do caminho.

O sol nasceu uma hora antes de eu começar a fazer força. Uma luz rosada e alaranjada passava pelas persianas do quarto do hospital. Sombras listradas se espalharam pelas paredes. Enquanto eu fazia força empurrando, pedi um espelho. Eu queria ver o meu corpo. Queria testemunhar o progresso dele.

Vomitei em um pequeno recipiente plástico que uma enfermeira segurou para mim. Tudo estava brilhante. Não havia cor, só luz branca. Era de manhã, a cidade estava acordando. Eu pensei no café sendo tomado, nos banhos quentes, nos casais se despedindo depois de uma noite juntos. Milhões de pessoas seguiam com seus rituais enquanto preparavam o corpo para outro dia de vida. O nascimento é tão corriqueiro quanto qualquer uma dessas pequenas atividades: a todo momento, o corpo de alguma mulher está em trabalho de parto. É tão extraordinário e tão comum o modo como nosso corpo nos conduz pela vida.

Senti uma pontada na pélvis e na minha lombar. As contrações guiavam a sala; o ritmo delas determinava tudo. Eu anunciava sempre que uma delas começava a chegar ao ápice, e a enfermeira, o médico e S corriam para ficar do meu lado. Então, como uma onda, ela recuava e se dissipava mais uma vez. Eu era recompensada a cada empurrão: uma trégua da dor e depois um vislumbre do topo da cabeça do meu filho.

No espelho posicionado sobre mim, eu não reconhecia mais o meu rosto: estava inchado e vermelho, e as veias na minha têmpora estavam dilatadas e latejando. Meu corpo estava intumescido e bruto e estranho. Tudo tinha se transformado. O batimento cardíaco do meu bebê crepitava no monitor.

Ouvi uma voz dizer algo sobre como estava levando tempo demais, que o bebê era grande demais e eu era pequena demais. "Pode ser necessário usar o vácuo extrator", disse o médico. *Não*, eu pensei.

"Empurra!", disse S, com as mãos na minha cabeça e pressionando a testa na minha. Eu fechei os olhos.

"Você logo vai conhecer o seu filho!", as enfermeiras tinham dito para me incentivar. Eu nunca tinha entendido quando as pessoas descreviam o parto como um encontro, mas agora eu entendia.

Eu o senti, o corpo dele no meu peito, mas com ainda mais intensidade a presença dele na sala.

Arrebatada, eu o segurei junto a mim. *Da minha carne*, pensei. O espelho havia sido empurrado para o lado, mas eu ainda podia ver o lugar de onde ele tinha saído. Meu corpo.

Agradecimentos

Uma versão do ensaio "Comprar-me de volta" foi publicada na *New York Magazine*. Obrigada a David Haskell por apostar em mim antes de qualquer outra pessoa ter feito isso, e a Marisa Carroll por ter escolhido esse ensaio em particular.

Sou tão grata aos leitores que compartilharam como a minha história os afetou. Vocês me fizeram sentir menos sozinha. Vocês me deram esperança.

Obrigada:

A Amy Einhorn e a toda a equipe da Metropolitan, por seu comprometimento ferrenho com este livro.

Às minhas editoras, Sara Bershtel e Riva Hocherman, por sua concisão, seu cuidado e sua paciência. Devo muito a seus olhares aguçados e a suas mentes abertas. Obrigada por encararem este livro como algo que pertence à Metropolitan. E a Brian Lax, que nos manteve organizadas.

A Nate Muscato. Ao meu sagaz e brilhante agente, David Kuhn. Tenho grande estima por nossa amizade.

A Amy, por seu apoio ao longo dos anos.

A Lindsay Galin, que é destemida, trabalhadora e sempre honesta.

A Pippa e Mary. Obrigada por terem sido minhas primeiras leitoras. Seus insights fizeram toda a diferença.

A Liz, por me ensinar como ouvir o meu corpo.

A Sarah, por segurar minha mão e seguir neste caminho comigo.

A Josh, que tirou sua preciosa máscara para me contar o que achava do meu trabalho.

A Lena e a todas as outras escritoras que me acolheram de braços abertos.

A Stephanie Danler, para quem mandei um e-mail do nada, com rascunhos longos e bagunçados de ensaios anexados e um apelo por feedback. Nunca vou conseguir expressar o que significou para mim ler as suas palavras: "Sim, você é uma escritora". Obrigada por estar sempre lá para mim. Sua bondade, sua consideração e sua generosidade me deram a confiança para escrever este livro.

A Kat, por ser minha família e me amar sempre.

A Barbara. Você encheu minha vida de alegria.

A minha mãe e meu pai, os primeiros contadores de histórias que conheci.

A meu marido, por me mostrar como o amor pode ser transformador.

A Sly, a quem dedico este livro. Enquanto você crescia dentro de mim, eu escrevia, esperando me tornar a melhor versão de mim mesma para você.